新型ぶりっ子のススメ

彼に恋させる、計算ずくの恋愛戦略

下田美咲
MISAKI SHIMODA

KADOKAWA

FOR YOU…

はじめに

「恋愛《れんあい》で勝つためのセオリー」が、世の中にはたくさんあります。軽い女だと思われないようにああしなさい、こうしなさい。男は追うのが好きな生き物、安心させてはいけません、といったものです。

だけど、私は、世間《せけん》で常識《じょうしき》だとされている「恋愛《れんあい》で勝つためのセオリー」は、どれも「恋とセックスに関して女性が陥《おちい》りやすい勘違《かんちが》い」そのものだと思う。

私は、恋愛《れんあい》する時に、軽い女だと思われないように気をつけたことなど一度もないし、彼《かれ》を安心させないために「好き」を言うことを控《ひか》えたこともないけれど、10代の頃《ころ》から、仲良《なかよ》くなった男性には、ことごとくプロポーズをされてきました。つき合ったのか、つき合わずにエッチなことだけをしていた相手なのかを問《と》わず、みんな、最終的《さいしゅうてき》にはプロポーズをしてくれたのです。

2016年11月1日、私は結婚《けっこん》しました。
旦那《だんな》さんになった彼《かれ》とも、出会ったその日に簡単《かんたん》にお持ち帰りさせるところから始まったけれど、そんなこと、別になんのハンデにもなりませんでした。何度か遊《あそ》ぶうちに「この人に好かれたい！」と思うようになり、好かれる努力《どりょく》を始めてから2ヶ月後、プロポーズをしてもらいました。

この本では、まず、多くの女性が持っている恋愛《れんあい》についての勘違《かんちが》いを正します。
そして、「好きな人の好きな人になるための方法」をお伝《つた》えします。

好きな人の彼女《かのじょ》になるために。

STEP♥0 ［はじめに］

彼女《かのじょ》になれたあと、ある日突然《とつぜん》フラれないために。

愛した相手から、同じように愛されて、いつか結婚《けっこん》相手に選《えら》ばれるために。


そのために、大好きな彼《かれ》に対して、どう振《ふ》る舞《ま》うのが正解《せいかい》なのか？

どんな風《ふう》に思いやりを持つと、自分への愛や恋がスクスク育つのか？


この本に書かれているのは、独身《どくしん》時代の私が編《あ》みだした、どんなタイプの男性にも通用《つうよう》する方法です。

10～40代の、ありとあらゆる背景《はいけい》を持つ男性に、通用《つうよう》しました。


私は、いつも、恋愛《れんあい》をあるひとつの戦略《せんりゃく》に則《のっと》って進めてきました。冷静《れいせい》な時に、よーく考えて、練《ね》りあげて作った、計算《けいさん》ずくのものです。

直感《ちょっかん》や反射《はんしゃ》で動くのではなく、自分らしさを大事にするのでもなく、すべての言動《げんどう》の裏《うら》に目的を持って行動《こうどう》するのです。

つまり、これは私の「素《す》」ではなく、誰《だれ》でもなりきれる「キャラ」です。

私はこのキャラを「**新型ぶりっ子**」と名づけます。

いわゆる「ぶりっ子」との違《ちが》いは、考え方のベースに、男性への思いやりと信頼《しんらい》がある点です。

【新型ぶりっ子の特徴《とくちょう》】

・とにかく思いやりがベースにあります（本書では、私が時間のある時にじっくり考えた、思いやりが伝《つた》わる方法を紹介《しょうかい》しています）

・その場しのぎの変な演技《えんぎ》はしません（辻褄《つじつま》が合わないことを、男性はすぐに見抜きます）

・他の女性を蹴落《けお》としたり、引き立て役に使ったりしません（だから、女性を敵《てき》に回しません！）

・すべての男性は「すごく女性を見る目がある」「女性のことを、本当によく見ている」と考えます

・男性のことは例外なく「とても優《やさ》しくて、愛があって、真っすぐな性格の持ち主だ」

と認識《にんしき》します

・なので、男性のその性質《せいしつ》をうまく引きだせないとしたら、それは女性側の計算不足《けいさんぶそく》であり、立ち居振《ふ》る舞《ま》いのミスのせいだと考えます

「新型ぶりっ子」の心髄《しんずい》は、思いやりを駆使《くし》することです。気持ちのままに動いたりはしませんし、「ありのままの私」の出る幕《まく》もありません。

「自分らしさ」を大切にすることよりも「大好きな彼《かれ》に愛されること」を選《えら》び、優先《ゆうせん》します。その目的のために、自分の意志《いし》で彼《かれ》から愛される女性に変わるのです。

「そこまでして恋愛《れんあい》したくない。面倒《めんどう》くさい」
「この本の内容を全て実践《じっせん》するなんて、私にはハードルが高すぎる！」
などと思う方もいるかもしれません。

いきなり全てを実践《じっせん》することは難《むずか》しくても、できることから始《はじ》めてみてください。相手に思いやりを伝《つた》える接し方を身につけることは、恋愛《れんあい》だけでなく、あらゆる人間関係に役立ち、人生をより良いものにしてくれると思います。

まずは、「新型ぶりっ子」になるための第《だい》1歩《ぼ》として、「惚《ほ》れた方が負け」ということを肝《きも》に銘《めい》じてください。

私は、数年前からTwitter《ツイッター》上などで「お悩《なや》み相談《そうだん》」の仕事をするようになり、凄《すさ》まじい数の恋の悩《なや》みを解決《かいけつ》してきました。そこで、恋が叶《かな》わない人たちには、ある共通《きょうつう》のクセとログセがあることを発見《はっけん》したのです。

・「好き」を隠《かく》すクセ

・「負けた気がするからできない」「悔《くや》しいから言えない」というログセ

恋がうまくいっていない人に、

「どうしてもっと好きを伝《つた》えないの？」

「なんで好きってことを隠《かく》すの？」

ときくと、必ずと言っていいほど、みんなこう答えます。

「自分だけ好きで、そんなの負けた気がする」

STEP♥0 ［はじめに］

「相手は自分のことを好きじゃないのに、みじめだから言えない」

いや、負けた気がするっていうか、そもそも負けてるでしょ！

「誰《だれ》かに惚《ほ》れる」というのは、その人には敵《かな》わないということであり、それはつまり負けている状態《じょうたい》です。ベタ惚《ぼ》れと完敗《かんぱい》は同義語《どうぎご》です。

負けているのに、それを認《みと》めないと、話がかなりややこしくなります。

好きな人に好かれたいのなら、まず最初《さいしょ》にやるべきことは「負けを認《みと》めること」なのです。ぜひ、負けを認《みと》めて、本書を読み進め、大好きな彼《かれ》に愛される自分を手に入れてください。

はじめに……1

もくじ

STEP 1 恋をスタートさせるには

STEP 2

ラブラブを維持するには？

STEP 3 セックス編

STEP 1♥

恋をスタートさせるには

MISAKI'S LOVE TECHNIQUE 1

脈《みゃく》ナシからの大逆転《だいぎゃくてん》?! 愛情《あいじょう》表現はキモくてあたりまえ

「彼《かれ》、脈《みゃく》ナシかもしれない……」と悩《なや》む女性はたくさんいます。けれど、多くの女性はそもそも脈《みゃく》を計《はか》るタイミングが早すぎます。脈《みゃく》のアリ・ナシを判断《はんだん》する前に、脈《みゃく》を仕込《しこ》む努力《どりょく》をしましょう。脈《みゃく》は仕込《しこ》めるのです！

人が恋に落ちるキッカケというのは、２つしかありません。

①好みのタイプだ！ ⇓ 「好き」

②この人は自分のことを好きらしい ⇒ 意識《いしき》しちゃうな ⇒ 「好き」

人が人を好きになるキッカケの半数は「好かれている」という意識《いしき》です。人は、かなりの高確率《こうかくりつ》で、「自分のことを好きな人」のことを好きになります。

つまり「好き」はバラしてナンボであり、むしろ「好き」をどれだけ知らせることができるかが、恋愛成就《れんあいじょうじゅ》の鍵《かぎ》となります。

相手に勝ちたがることをやめて、「好き」をだし惜《お》しみせず伝《つた》えるようにするだけで、恋は100倍叶《かな》いやすくなるのです。

「自分から好きになった人」とつき合うには？

「私、自分から好きになった人とつき合えたことがないんです」と語《かた》る女性は多い。

今までつき合った人はみんな相手から告白してくれたので、自分から好きになった人とはうまくいったことがない、と。

彼女《かのじょ》たちに「ねえ、その自分から好きになった時って、両想《りょうおも》いになるために何かしたの？」ときくと「しました！」と自信満々《じしんまんまん》に答えます。そんな時、私は必ず「どんなことをしたの？」ときくのだけど、彼女《かのじょ》たちの答えはいつも同じで、

「告白しました」
「自分から連絡《れんらく》をしました」
「好きって分かるようにアピールしました」

それ、「好き」ってことを、お知らせしただけだよね？

「私はあなたが好き」って伝《つた》えることと、好かれるための努力《どりょく》は、違《ちが》うから!!!
両想《りょうおも》いになるためにはアプローチをすることが必要《ひつよう》ですが、そもそもアプローチとはどういうことなのでしょうか。それは、

① 「好き」と知らせること
② 好きになってもらうこと

このどちらが欠《か》けていてもアプローチは成立《せいりつ》しないのだけど、「私はアプローチをした」という気になっていて「うまくいかなかった」という女性のほとんどが、①しかやっていません。

前述《ぜんじゅつ》したとおり、もちろん「好き」だと知らせることは必要《ひつよう》で、それも重要なアプローチなのですが、お互《たが》いがひとめ惚《ぼ》れ同士でもない限り、「好き」ってことだけを伝《つた》えても、相手にとっては、「あ、そうなんだ。俺《おれ》は普通《ふつう》だけど」という話です。両想《りょうおも》いになるためには、彼《かれ》の中に自分宛《あて》の「好き」を育てる行程《こうてい》がいります。

だって片想《かたおも》いなのだから。
「好き」と言っただけで「俺《おれ》も」とならなかったことを「頑張《がんば》ったのに、うまくいかなかった」と言いだすのは、かなり変な話で、どんだけイケると思っているんだ。

2つのアプローチには、それぞれ別の効果《こうか》と目的があります。

①「好き」と知らせることで、相手の眼中《がんちゅう》に入る

まず、「私はあなたが好き」だと知らせることで、彼《かれ》に「俺《おれ》のことを好きな人」として意識《いしき》してもらうことができます。

「俺《おれ》のことを好きな人」という認識《にんしき》を持たせるだけで、そうでない場合よりも断然《だんぜん》、興味《きょうみ》を持ってもらうことができます。

これは相手の眼中《がんちゅう》に入るために必要《ひつよう》なことです。なので、好きだと分かるようにアピールすることは大切です。

ただし、あくまで、アピールです。告白をしましょう、ということではありません。このタイミングでは、まだ告白をするのは早すぎます。

「好きです」

という、そこで空気を止めてしまうような言い方ではなく、日常的《にちじょうてき》な普通《ふつう》のやり取りの中に、いちいち、

「そういうところ良いよね！　好き！」

「今日はありがとう！　楽しかった！　大好き！　で、来週なんだけど……」

など、「好き」をたくさん織《お》り交《ま》ぜます。

ここでのポイントは、あなたの「好き」というコメントに対して、相手が返事をしなくてもいいくらいの軽さで、伝《つた》えること。

告白は、こういった「好き」を積《つ》み重《かさ》ね、水面下で両想《りょうおも》いが仕上がってからするのが基本です。

②相手に自分のことを好きになってもらうための機会《きかい》を作る

彼《かれ》があなたの外見だけでコロっと恋に落ちてくれれば話は早いのですが、そうでない場合は、もしも、彼《かれ》とあなたが両想《りょうおも》いになれる相性《あいしょう》だったとしても、好きになる部分に触《ふ》れる機会《きかい》がないと、好きになってもらえません。

なので、その機会《きかい》を作るために、まずはたくさん会うことが大事。

少しでも多くの時間を共有《きょうゆう》することで、（あなたに良いところや、彼《かれ》の心を動かす瞬間《しゅんかん》があれば）好きになってもらえる可能性《かのうせい》がでてきます。

ただし、片想《かたおも》いをしている立場だと、会う機会《きかい》をたくさん確保《かくほ》することが、まずひとつのハードルですよね。

たくさん会える仲《なか》になるために

まずは彼《かれ》にとって関《かか》わるメリットがある存在《そんざい》になることです。そうすることで、彼《かれ》があなたに全く興味《きょうみ》がなくても会える機会《きかい》を作ることができます。とにかく彼《かれ》の役に立つことをしましょう。

【例】

・引《ひ》っ越《こ》しを手伝《てつだ》う（便利《べんり》！　何かあった時は、この人に連絡《れんらく》しよう！　となる）

・仕事を手伝《てつだ》う（無償《むしょう》でアレもコレもやってくれる、便利《べんり》！　となって頼《たよ》られるようになる）

・彼《かれ》の好きなアーティストのコンサートのプレミアムチケットをあげる（この人と絡《から》

むと良いことがある！　となると繋《つな》がっておこうと思われる）
・彼《かれ》の趣味《しゅみ》が釣《つ》りだとしたら、釣《つ》りの名人《めいじん》とどうにか繋《つな》がり仲良《なかよ》くなって、その人との飲み会などをセッティングしてあげる（この人と友達で本当に良かった！　となるので、彼《かれ》の人物相関図《じんぶつそうかんず》の一軍メンバー入りできる）

大切なのは、彼《かれ》があなたに対して、「そこまでしてくれるんだ」と思うように、行動《こうどう》することです。
あなたが彼《かれ》を特別扱《とくべつあつか》いし続け、彼《かれ》の中に「そこまでしてくれるんだ」という気持ちが積《つ》み重《かさ》なることで、彼《かれ》にとっての特別《とくべつ》な人になっていきます。そうなると、会う約束《やくそく》は普通《ふつう》に取りつけられる間柄《あいだがら》になれるのです。

そして、会えるようになったら、今度は彼《かれ》の心をより動かすためのアプローチをします。「こんなに想ってくれる人、はじめて出会った」と彼《かれ》から思われるような接し方をしましょう。

①いつでも、どこでも、どこまでもついていき、隣《となり》をキープ

彼《かれ》が帰らないなら、私も帰らない。

とにかく、一秒でも長く一緒《いっしょ》にいるようにすること。

そして、その場に何人いようと、彼《かれ》に会えた時は彼《かれ》の隣《となり》をキープするようにします。

誰《だれ》も気づいていない彼《かれ》のささいな言動《げんどう》（ひとり言《ごと》含む）をすべて拾っては、楽しそうに反応しましょう。

②許す

どこまで許せるかに、どれだけ好きかが表れます。

彼《かれ》が遅刻《ちこく》をしても「もう会えた」ことを喜《よろこ》びましょう。

連絡《れんらく》なく約束《やくそく》を破られたら、今日「会いたかった」のに会えなかったことを、ただ残念がりましょう。

どれだけ返信が遅くても、結局連絡《れんらく》が返ってきたのなら「無事に生きてて良かった」と喜《よろこ》びましょう。

何かあった時に、ブーブー文句《もんく》を言うのは、誰《だれ》にでもできることです。彼《かれ》の心をつ

かむためには、普通《ふつう》ではないリアクションをしなくてはいけません。

片想《かたおも》いなのだから、キモくてあたりまえ

アプローチ期間《きかん》に気にしてはいけないことがあります。

「こんなこと言ったら（したら）、キモいんじゃないか……」ということです。

キモいことをしないと始まらないのがアプローチです。

そもそも、一方的に恋心を抱いてしまっているという状態《じょうたい》はキモいことなので、そのキモさは認《みと》めた方がいいし、アプローチにスマートなやり方など存在《そんざい》しません。

誘《さそ》う時は断《ことわ》られるリスクがあるし、告白をする時はフラれるリスクがあります。アプローチして、それがうまくいかないとキモいけれど、片想《かたおも》いから両想《りょうおも》いを目指すのなら、言ってみるしかないし、やってみるしかない。

キモくてあたりまえです。まだ片想《かたおも》いなのだから！

相手からキモいと思われる可能性《かのうせい》に腹《はら》をくらないと両想《りょうおも》いは目指せません。

でも大丈夫。
両想《りょうおも》いになっている人はみんな、キモいことをたくさんしてきています。スマートにカッコつけたことだけをして、恋人を手に入れている人なんて、いません。

ただし、アプローチをする時には、相手に気まずい思いをさせたり、イヤな気持ちにさせないための思いやりを忘れないでくださいね。

column
男だって勇気《ゆうき》がいる!!!

「相手に告白させるには、どうしたらいいですか？」
「誘《さそ》われないってことは、脈《みゃく》ナシなんでしょうか？」

この2つは、恋する乙女からの恋愛相談《れんあいそうだん》において、かなりよくでてくる質問です。

おそらく私たちは両想《りょうおも》いだ。ということは、彼《かれ》から告白をしてくるはずだ。
だって男だから。
脈《みゃく》アリならば、向こうからアクションがあるはずだ。
だって男だから。
お互《たが》いにいいなと思っている場合、アクションって男から起こすものでしょ？

女性はそう考えがちで、よほど脈《みゃく》ナシの相手への片想《かたおも》いに取り組む場合じゃない限り、基本的《きほんてき》には「待ち」のスタンスを取ろうとします。当然のように、相手が動くのを待とうとしている。

「え、告白されたらつき合うんだよね？　つき合いたいくらい、好きなんだよね？
なんで自分からは告白しないの？」

「デートに誘《さそ》ってほしいって思ってるのなら、自分から連絡《れんらく》して誘《さそ》った方が早くない？　なんで待ってるの？」

そうきくと、彼女《かのじょ》たちはこう言います。

「いや、それは無理《むり》‼　怖《こわ》い！　勇気《ゆうき》がでない！」

これね。

男の人も同じなんだよ‼︎

私たちにとって勇気《ゆうき》がいることは、彼《かれ》らにとっても、勇気《ゆうき》がいることです。気になる人をデートに誘《さそ》うこと、好きな人に告白をすること。それは男性にとっても、すっごく勇気《ゆうき》がいることなのです。

だから、誘《さそ》ってこないから脈《みゃく》ナシということではないし、告白してこないのは好きじゃないから、って決めつけるなんて、男性の心の機微《きび》を無視《むし》しすぎです。

男性だって、怖《こわ》いものは怖《こわ》いし、誘《さそ》うのだってめっちゃ勇気《ゆうき》がいるし、大変なんだから！

MISAKI'S LOVE TECHNIQUE 2

女として意識《いしき》されるにはどうすればいいの？

「好きな人から女性として見てもらえない」という悩《なや》みは普遍的《ふへんてき》なものですが、これは必ず、本人に問題があります。あなたが相手を異性《いせい》扱いしていないからです。

自分のことを男性として見ていなさそうな人に対して、彼《かれ》らは男をだせません。

「え、そんな目で見てないけどｗｗ」
「何、男ぶってんのｗｗ」
と思われるのが怖《こわ》いからです。

自分のことを全然女として見ていない相手に対して、女性がかわい子ぶることができないように、男性も、自分のことを男だと思ってくれない相手に対してカッコつけるのは難しいものです。

相手が性をださないのではなく、あなたが性を引きだしてあげられていないだけです。

彼《かれ》を男にするかどうかは、あなたが彼《かれ》のことを、男性として扱うかどうかにかかっています。

女性として見てほしいなら、女ぶるのではなく、相手を徹底的《てっていてき》に男性として扱うことです。

荷物《にもつ》を持ってもらったり、お金を払ってもらったり、瓶《びん》のフタをあけてもらったり、家まで送ってもらったり。

「だってあなた、男の人じゃん?」という角度から頼《たよ》りにすること。

こちらが真っすぐに男性扱いをした時に、相手は堂々《どうどう》と男になれるのです。

MISAKI'S LOVE TECHNIQUE 3

女のカワイイと男のかわいいってどう違《ちが》うの？

男性にかわいいと思ってもらうためには、視覚情報《しかくじょうほう》を、とことん大切にした方がいいです。

好きな相手にかわいいと思われる格好《かっこう》をすることは、めちゃくちゃ大事です。

片想《かたおも》い期間《きかん》はもちろんのこと、つき合っている場合でも、彼《かれ》が自分にキュンとするように、ムラムラするように、相手の心に影響力《えいきょうりょく》のある外見づくりをすることは、自分と恋をすることを選《えら》んでくれた相手への思いやりです。

女性のファッションについて、男女の感じ方には、大きなギャップがあります。

女の「カワイイ」と男の「かわいい」には、かなり差があるのです。

女の「カワイイ」は、服そのものや髪型《かみがた》そのものに焦点《しょうてん》があり、

「(その洋服の形が)カワイイ」

「(その前髪《まえがみ》のデザインが)カワイイ」

であり、オシャレさを重要視《じゅうようし》しています。

一方、男の「かわいい」は、それを着ている本人がかわいらしく見えるかどうか、似合うかどうかに焦点《しょうてん》があります。

「(その髪型《かみがた》をすると君は)かわいい(かわいく見える)」

「(その洋服だと胸のラインが良い感じに見えて)かわいい」

であり、服や髪型《かみがた》としては、女性から見るとわりとダサかったりします。

私は美容室《びようしつ》でオーダーする時は、

「モテる感じで。オシャレさはいらないので、男の子にかわいいって思われる髪色《かみいろ》に

してください。ダサめで大丈夫です」

と言います。

具体的《ぐたいてき》に好きな人がいる時期《じき》であれば、最初《さいしょ》のカウンセリングで

「20歳くらいの、ギャル男系《おけい》の男の子がかわいいって思う髪型《かみがた》ってどんなだと思いますか？」

という風《ふう》に相談《そうだん》をして、髪型《かみがた》を決めます。

そして必ず、美容師《びようし》さんは男性を選《えら》びます。

モテるにあたっては、オシャレさは一切《いっさい》いりません。

女の「カワイイ」と、男の「かわいい」は違《ちが》うものだと考えましょう。

モテたいのであれば、女ウケは捨てること。

女友達の意見《いけん》を参考《さんこう》にしてはいけません。

女のスッピンは威圧《いあつ》、メイクはかわいげ

「女性はスッピンが一番かわいい」

と言う男性がチラホラいますが、メイクをする必要《ひつよう》がないのかというと、そうではありません。あれは「メイクをした顔とのギャップがかわいい」という意味なので、普段《ふだん》からスッピンで活動するのはダメです。

まず、メイクをしている顔の方で認識《にんしき》されておくことが「スッピンかわいい」には必要《ひつよう》なのです。

そもそも大人の女性のスッピンは威圧《いあつ》です。

大人の女性の顔には、かなり色むらがあるので、ファンデーションを塗《ぬ》らないと、不健康《ふけんこう》でコワいです。美醜《びしゅう》以前の問題で、必要《ひつよう》な身だしなみです。

大人になってスッピンで人に会うのは、

「別にいいでしょ、スッピンで」

「あなたにどう思われてもいいし」

という傲慢《ごうまん》な態度《たいど》であり、かなり失礼なので、社会人の年齢《ねんれい》になったらメイクをしましょう。


綺麗《きれい》になるためではなく、コワさを消すために、ファンデーションを塗《ぬ》って眉《まゆ》を描《か》き、血色《けっしょく》がよく見えるリップを塗《ぬ》りましょう。

さらに、目がパッチリ見えるようにアイラインを引き、マスカラを塗《ぬ》るところまですると、それはかわいく見せるためのひと手間なので、「私はあなたにかわいいと思われたいです」というメッセージであり、女性としてのかわいげに繋《つな》がります。

column

女友達のアドバイスは危険《きけん》?!

好きな人とうまくいっていない女性のお悩《なや》み相談《そうだん》を聞いていると、かなりの頻度《ひんど》で「女友達に、こうしなよって言われて」

という女友達のアドバイスに従った説がでてきます。

そして、その結果《けっか》として撃沈《げきちん》している。

これは今すぐ肝《きも》に銘《めい》じてほしいことなのですが、女友達に恋愛相談《れんあいそうだん》をすることは、百害《ひゃくがい》あって一利《いちり》なしです。ダメ、絶対！


その女友達が、ブスなのに超絶《ちょうぜつ》イケメンをつかんでいたり、いつも自分から好きになった人とつき合っていて、それも百発百中《ひゃっぱつひゃくちゅう》で、つき合いはじめたら必ず愛され倒していて、フラれたことが一度もないような恋愛《れんあい》のスペシャリストならほんの少し（それでも、あくまで素人《しろうと》なので、ほんの少し）話は別ですが、女友達というのは基本的《きほんてき》に、あなたと同じように恋愛《れんあい》に苦労していて、思い通りにいっていない、ごく普通《ふつう》の人です。何事もそうですが、普通《ふつう》の人のアドバイスは、とくに役に立たないし、参考《さんこう》にすると危険《きけん》です。


それに、色んな思わくが絡《から》んでいる可能性《かのうせい》があります。

その女友達も、実はその彼《かれ》のことが好きかもしれないし、あるいは、あなたより大事な別の友人もその彼《かれ》のことが好きで、彼女《かのじょ》はその友人の恋を応援《おうえん》しているのかもしれない。

男友達に相談《そうだん》する場合も、その男友達が実はあなたのことを好きだったりすると、うまくいかないようにアドバイスしてきます。

私自身、好きな男の子に彼女《かのじょ》との不仲《ふなか》を相談《そうだん》されて、そのようなアドバイスをしたことがザラにあります（卑怯《ひきょう》）。

友情を壊《こわ》さないためにも、友達に恋愛相談《れんあいそうだん》をするのはやめましょう。

MISAKI'S LOVE TECHNIQUE 4

彼《かれ》のコンプレックスを攻略《こうりゃく》して恋に落とす

たとえば背が高いことや低いこと、性格がキッチリしていることやルーズなこと。そういったことはすべて、その人の特徴《とくちょう》です。長所でも短所でもなく特徴《とくちょう》。なので、それを魅力《みりょく》とするか欠点《けってん》とするかは、あなたの判断次第《はんだんしだい》です。

人は、自分の特徴《とくちょう》を「魅力《みりょく》」と言ってくれる人のそばにいると良い気分で過ごせます。だから、そう言ってくれる人のことは好きになるし、ずっと一緒《いっしょ》にいたくなります。

自分では「欠点《けってん》」だと思っていた部分も、恋人から「そこが魅力《みりょく》!!」と言いきってもらえたら、ありのままの自分も悪くない気がしてきます。

なので、相手のどんなコンプレックスも「魅力《みりょく》」だと捉《とら》えて受け答えができるようになると、愛されるようになります。

【例】

男性「俺《おれ》、時間にルーズだからさー、そこはダメだと思うんだよね」

女性「休みの日は、それで良くない？　私もルーズだから、その方が助かる。怒《おこ》られたくないもん」

男性「ただ会社の言いなりになって、やりたくもないことやって、俺《おれ》なんて社畜《しゃちく》だよ」

女性「やりたくないことをやり続ける毎日を耐《た》えられるって、忍耐力《にんたいりょく》すごいね。心のスイッチ切れるって特殊能力《とくしゅのうりょく》だよ！　かっこいい！」

女性「あー、太もも削《けず》りたい」

男性「ダメ。何言ってんの。この肉がないとダメ！　ガリガリだったらつき合ってない。俺《おれ》は、ここのプニプニが好きなんだから！　痩《や》せたら別れるからね」

※実際《じっさい》は思っていなくてもいいのです。彼《かれ》に喜《よろこ》んでもらうためのリップサービスです。

column

「俺《おれ》の好みのタイプ」にはまれば美人に勝てる！

すごく真面目な女友達がいます。

その彼女《かのじょ》が、2年間彼氏《かれし》ができず、

「どうしよう、そろそろセカンドバージンになっている気がする、私」

と悩んでいたので、

「男友達を紹介《しょうかい》しようか？」

と提案《ていあん》し、

「うん。もうそれがいいかもしれない。イケメンがいい」

とのことだったので、私の男友達の中でも誰《だれ》がどう見ても一番イケメンな男友達に連絡《れんらく》をし、彼女《かのじょ》のもとへ派遣《はけん》したことがありました。そして後日、

「どうだった？　イケメンでしょ？」

と感想《かんそう》を聞いた時の彼女《かのじょ》のコメントが印象的《いんしょうてき》だった。

「うん、すごくイケメン。とくに好みではないけれど。彼《かれ》って、ザ・イケメンなんだけど、イケメンでしかないというか、個人の好みのタイプにはなりづらい顔だよね」

イケメン・美人というのは、誰《だれ》からも「アリ」とされるし、「イケる」とは思われるのですが、それ以上でも以下でもなくて。実は「誰《だれ》がどう見てもカワイイ」よりも、「俺《おれ》

の好みのタイプ」の方が、断然《だんぜん》、強いのです。

好みのタイプ、というのは、つまりフェチです。

女性は「誰《だれ》がどう見てもカワイイ」や「絶対的な綺麗《きれい》」を目指しがちですが、「誰《だれ》かの個人的な好み」というフェチに当てはまる女性になる方が、そのフェチを持つ人にとっての

「この子じゃなきゃダメ」

「絶対この子がいい！」

という対象《たいしょう》になりやすく、ターゲットにされやすいので、モテるようになるし、強く求められるようにもなります。

男性は、自分のフェチを自覚していない人の方が多いのですが、「何フェチ?」ときかれて答えられるかどうかに関係なく、みんな何らかのフェチを持っています。

仲良《なかよ》しのイケメンに、お尻《しり》フェチがいます。「お尻《しり》が大きい=脚《あし》も太い」ことは多いらしく、彼《かれ》自身はけっして太い脚《あし》が好きというわけではないようでしたが、結果的《けっかてき》に「俺《おれ》、下半身《かはんしん》デブが好きなんだよね」と語《かた》っていて、脚《あし》が太い女の子を好みのタイプとしていました。

太い脚《あし》には大きなお尻《しり》を期待《きたい》できるようで、太い脚《あし》を見るたびにトキメいている姿が印象的《いんしょうてき》でした。

私は仕事柄《がら》、色んな職業《しょくぎょう》・年代・タイプ・グレードの男性と話をするのですが、彼《かれ》らと話せば話すほど、「スタイルが良い」や「良いカラダ」の定義《ていぎ》は、男性の数だけ種類《しゅるい》があるんだなぁと感じます。

「痩《や》せればモテる」というものでは、絶対にないし、むしろ女性がコンプレックスを感じている部分こそ、男性のフェチに当てはまることが多いのです。

女性の感覚《かんかく》だと「欠点《けってん》」としか思えない身体《からだ》の特徴《とくちょう》が、男性にとっての「たまらないポイント」であるというパターンは、よくあります。「下半身《かはんしん》デブ最高」と語《かた》るイケメンは、別に変人でも変態《へんたい》でもなく、一般人《いっぱんじん》の範囲内《はんいない》です。

自分のコンプレックスを好きだと思ってくれる人とつき合うと、ありのままで喜《よろこ》ばれるので、かなり幸せになりやすいです。

そういう人と出会うためには、コンプレックスをひた隠《かく》しにするのではなく、チラ見えするようにしておくこと。そうすると、その部分にフェチを持つ男性の目にとまるので、マッチングしやすくなります。

MISAKI'S LOVE TECHNIQUE 5

「かわいげ」は作れる

「女は愛嬌《あいきょう》」という一般論《いっぱんろん》がありますが、これは本当です。

かわいい、というのは、「かわいげ」がある、ということです。かわいさは「かわいげ」の量《りょう》で決まります。

以下、男性が女性に対して「かわいげ」を感じるポイントを7つ紹介《しょうかい》します。

①俺《おれ》にほほえんでくれる女はかわいい

笑っている顔はかわいい。というよりは、真顔だと顔面偏差値《がんめんへんさち》がモロにでるので、人は誰《だれ》しも、ほほえんでいる顔の方がかわいいです。

ほほえみかける、というのは、あなたのことを受け入れています、というメッセージにもなるので、男性は、

「近づいていいんだ」

「そばにいても大丈夫そう」

という安心感が得られるし、犬でいうと尻尾《しっぽ》を振《ふ》っている印象《いんしょう》を持ちます。触《さわ》っても噛《か》まれなさそう、撫《な》でてみようかな、という気持ちになるのです。

一方で、真顔だと、

「俺《おれ》のことをどう思っているんだろう」

「機嫌《きげん》が悪い可能性《かのうせい》がある」

などと不安になるので、緊張《きんちょう》するし、犬でいうと触《さわ》ったら噛《か》まれそうな印象《いんしょう》なので、近づく気になれません。

彼《かれ》に会えた時には、ニコニコほほえんで、尻尾《しっぽ》を振《ふ》りましょう。

②俺《おれ》の話に笑ってくれる女はかわいい

対面している女性が笑うことで、男性は「俺《おれ》は今、おもしろいことを言えたっぽい」という安心感と「俺《おれ》は今、楽しい会話ができている」という自信《じしん》を得ます。

「俺《おれ》は俺《おれ》のままで大丈夫」という気持ちにさせてくれる女性と一緒《いっしょ》にいると「この人がそばにいると人生が楽しい」と考え、「この人がそばにいれば頑張《がんば》れる」というガッツも湧《わ》いてきて、男らしいモード（自分の中の男が目を覚まし、自分の男らしさに酔《よ》う）に入るので、そういう気持ちにさせてくれた女性のことをより「かわいい生き物」だと感じます。

彼《かれ》がつまらないジョークを言ったとしても、笑ってあげましょう。

③自信満々《じしんまんまん》ではなくて、イジれるところがある女はかわいい

自分に自信《じしん》を持ちたがる女性は多いし、女性向けの美容用品《びようようひん》などには「自分に自信《じしん》を」的《てき》なキャッチコピーがつけられていることが多いけれど、あれは男ウケを全く無視《むし》しています。

男ウケだけを考えるのならば、スッピンには自信《じしん》を持たない方がいいし、スタイルにも見られたくないところがあるくらいが、ベストです。

コンプレックス感というのは、最大のかわいげです。「見ないで」はエロさであり、「私、ここがダメなの」は、その人の味です。

前述《ぜんじゅつ》の「下半身《かはんしん》デブ」が大好きなイケメンもよく言っていたのが、「本人が、太くたっていいでしょっていうスタンスでミニスカートとかはいてたら全然良くなくて、太いから……ってロングスカートとかはいて隠《かく》そうとしてると、たまらない。スキニーデニムはかせたくなる。でも自主的にはかれたら萎《な》える」ということです。男性は、その女性が、どんな姿形《すがたかたち》か、ということ以上に、その姿形《すがたかたち》を本人がどう思っているか、の部分に興味《きょうみ》をそそられるのです。

峯岸《みねぎし》みなみさんがRIZAP（ライザップ）で肉体改造《にくたいかいぞう》をして話題《わだい》になりました。彼女《かのじょ》はあのチャレンジによって、仕事の幅《はば》を広げ、女性ファンの獲得《かくとく》に成功しましたが、もし仮に、あれが男性にかわいいと思われるための努力《どりょく》だとしたら失敗しています。

男性は女性に対して自分に自信《じしん》を持ってほしいなどと思っていない人が多く、良い具合にだらしない身体《からだ》を恥ずかしがっているくらいのバランスが黄金比です。

だからボディメイクをして自分に自信《じしん》をつけるより、お菓子《かし》なども美味《おい》しそうに食べてボディクリームを塗《ぬ》っておく程度の方がモテるのです。

「スッピンだ！」と言われたら「気まずいから見ないで！」が正解《せいかい》で、「なんでよ、もっとよく見せてよ、かわいいよ」と言わせてあげることが大切なのです。

イジリどころ、突っ込みどころがない女性は、コミュニケーションの幅《はば》がせまくなります。なので、自分に自信《じしん》をつけて自己完結《じこかんけつ》している女性はおもしろくなくて、俺《おれ》が「かわいい」と言ってあげることでやっと控《ひか》えめな照《て》れ笑いが見れる、くらいのバランスがベスト。

かわいがれる不完全さがあることが大事なのです。

④してあげたことに対して、まんまと喜《よろこ》んで幸せになってくれる女はかわいい

男性は基本的《きほんてき》に「女性を幸せにしたい」と思っています。とはいえ、他人をひとり幸せにするというのは、このご時世《じせい》では難易度《なんいど》の高いことです。

「幸せにしてやる！」

と決意をして狙《ねら》い撃《う》ちをしたとしても、必ずしもそうできるという自信《じしん》もないので、この人は俺《おれ》にできる範囲《はんい》のことで幸せになってくれる人だ、と思えると、その女性のことを「好きだ」と思うし、かわいいと感じます。


一緒《いっしょ》に食事をしていて「美味《おい》しい！」と幸せそうな顔をしたり、性行為《せいこうい》をした時にすごく気持ち良さそうだと、彼《かれ》は自分の手で幸せにできそうな気がしてくるので「かわいい女だ」と思うのです。

⑤俺《おれ》でもどうにかできる範囲内《はんいない》の手間ひまがかかる女はかわいい

瓶《びん》のフタやスナック菓子《がし》の袋《ふくろ》を開けられなくて「開けて」と渡してきたり。

ドアが重いと開けてほしそうに見あげてきたり。

「荷物《にもつ》を持とうか」と提案《ていあん》すれば遠慮《えんりょ》なしに「やったー助かるー！」と喜《よろこ》んだり。

「こんなこともできないの？」と言わせてくれる女性といると、男性は自分の中の男を刺激《しげき》されます。

「仕方ないなー、手間ひまかかる女だな。ていうか、俺《おれ》がいなかったら、どうしてたの？」と上から目線で彼《かれ》らが言う時、心の声は「かわいいなぁ」なのです。

⑥「私はあなたにかわいい女だと思われたい」という素直《すなお》さがある女はかわいい

ここまで読んできてお気づきの方も多いと思いますが、男性が女性を「かわいい」と思う時、その根底《こんてい》には「自分の中の男を刺激《しげき》してくる」という共通《きょうつう》のポイントがあります。

つまり男性は、自分のことを、しっかり異性《いせい》として見ていて、なおかつ、この女は俺《おれ》から「かわいい」と思われたがっている、と感じると、「性的な目で見ている感」と、「俺《おれ》のことを素敵《すてき》で価値《かち》のある男だと思っている感」を感じるので、イイ気になり「かわいいやつだなぁ（デレデレ）」という気持ちになります。

なので、男性の目を意識《いしき》してちゃんとメイクをしたり、男性が好きそうなかわいい洋服を着たり、2人きりだと甘えたり、エッチの時にかわいい声をだしたり、かわいいと思われたくてやっていることを、男性は真っすぐに「かわいいなぁ」と思います。かわいいと思われたい気持ちに対して素直《すなお》でいることが、「かわいい」に繋《つな》がるのです。

⑦一見ワガママ風《ふう》なんだけど根が優《やさ》しい女はかわいい

「ワガママな女はかわいい」と言う男性は多くて、彼《かれ》らは本心でそれを言っているのですが、これはだいぶ言葉足らずで語弊《ごへい》があるので、私が注釈《ちゅうしゃく》を入れてみると、こうなります。


たとえば、奥《おく》さんが「今日の晩《ばん》ごはん、何食べたい？」ときいた時、旦那《だんな》さんに「何でもいい」と言われて、

「献立《こんだて》を考える私の身になってよ！　ちょっとはあなたも考えてよ！」

と、ストレスを爆発《ばくはつ》させたなんて話をよくききます。それは主婦《しゅふ》のみなさんに限ったことではなく、男性も女性から「私は何でもいい」と言われると、

「俺《おれ》が全部考えなきゃいけないのか……」

というストレスを抱《かか》えます（爆発《ばくはつ》はしないけど）。

いつだって誰《だれ》だって、全部を自分が考えなきゃいけないのは面倒《めんどう》なのです。

なので「私はあれがいい！」「私はこうしたい！」とハッキリと自分の希望を言いだす女性の方が、まず好感度《こうかんど》が高いです。

そしてまた「あれして♥」「これして♥」というリクエストがある女性は、それをしてあげれば満足《まんぞく》させることができる、と思えるので安心感があります。

リクエストをしてくるくらいだから、

「本当にこれが好きなんだろうなぁ」

「気に入ってるんだな」

と思える。

「私は何でもいいよ……」という遠慮《えんりょ》しかしない女性といると、

「本当は全然楽しくないんじゃないか」

「これ、良くないいんじゃないか」「いまいち本音が見えない……」

と不安が募《つの》って、自信《じしん》がなくなります。そして男性は自分から自信《じしん》を奪《うば》う女性を、かなり苦手としています。

犬が与えられたおやつを気に入って、「もっともっと！」と飛びついてくるようすは、かなりかわいいですよね。女性の場合もそうです。欲しがっている姿、本音がスケスケな感じは、かわいいのです。

とくに性行為《せいこうい》の最中にリクエストをだすのはおすすめで、「今のもっかいして♥」「今のやつもっと」というワガママは喜《よろこ》ばれます。

一方で、「あれダメ」「これダメ」という文句《もんく》は、タブーです。

女性目線だと「どっちもワガママ発言じゃない？」と、似たようなものに見えますが、「あれして♥」と「あれダメ」には決定的な差があるのです。

「あれして♥」は頼《たよ》っているけれど「あれダメ」は否定をしていて、前者は男性を刺激《しげき》し、後者は萎縮《いしゅく》させています。

column

「処女《しょじょ》かもしれないけど、すごくエロぃ可能性《かのうせい》も秘めている女」最強説

私は、どんな男性と話す時も（とくに、これから恋仲《こいなか》になりたい相手と話す時は）「処女《しょじょ》の可能性《かのうせい》もある」ような話し方をするようにしています。

たとえば、過去にすごく好きな人がいたことや、長く続いた元カレがいること、色んなセックスをしてきたことなど。そういう情報《じょうほう》は、もしもその人と恋仲《こいなか》になった場合に、相手を苦しめると思うからです。

私のことを好きになってくれた時に、私の過去をあれこれ想像してイヤな気持ちにならないで済むように、具体的《ぐたいてき》な情報《じょうほう》を渡さないようにしておく。これは私にとって、私に恋をしてくれる男性への思いやりです。

とくに独身《どくしん》時代は、それが仕事の関係者であれ友達であれ美容師《びようし》さんであれ、その人が男性であれば、自分の男性関係の情報《じょうほう》については全面的に伏《ふ》せることを徹底《てってい》していたのですが、おかげで「その方がモテる」という結論《けつろん》がでたので、このスタンスは、とてもおすすめです。

きかれてもいないのに、過去の性行為《せいこうい》や元カレとのエピソードを自分から話さないこと。

そしてきかれた場合には、嘘《うそ》はつかなくていいし、ひた隠《かく》しにする必要《ひつよう》もないのですが、とにかく最低限の情報《じょうほう》だけを答えましょう。とくに、具体的《ぐたいてき》な数字は絶対にださないこと。人数や、回数や、時期《じき》などは、伏《ふ》せるのがポイントです。

デートでは根《ね》掘《ほ》り葉《は》掘《ほ》りその手の質問をされることはないと思いますが、飲み会などで、デリカシーのない人物が、

「経験《けいけん》人数は?」

「したことのあるプレイは?」

「元カレどんな人だった?」

「最近は、いつまでカレがいた?」


などと言いだすことがあります。そういう時は「その質問、なんなの(笑)」と笑い飛ばすか、「何その話題《わだい》、恥ずかしいから無理《むり》♥」と照《て》れたフリをするのがオススメです。処女《しょじょ》の可能性《かのうせい》が残るような受け答えをしながら、すごくエロい可能性《かのうせい》も秘めていると思わせるような会話ができる女性が最強にモテる、というのが私の持論《じろん》です。

「こう思われちゃうんじゃないか」問題解決法《かいけつほう》

「相手にどう見られているか」ばかりを気にしていませんか？

相手が自分をどう見ているかを気にしている時、あなたは相手ではなく、自分のことを見ています。相手のことは見えていません。一緒《いっしょ》にいるのに失礼な状態《じょうたい》です。

なので、こういう発想《はっそう》の人は、当然モテません。


たとえば「都合のいい女だと思われる」「軽い女だと思われる」など、「こんなことをしたら、こう思われてしまう。だからしないでおこう」と考えている時、その人の頭の中は作戦会議《さくせんかいぎ》でいっぱい。

目の前の相手がどんな顔をしているのかも見ていなければ、自分の大切な本音を相手に届けることもしていません。コミュニケーションができていないのです。相手のことをほったらかしにしています。

人と接する時に大切にした方がいいことは「どう思われるか」ではなく、相手が今「どう思っているか」に、ちゃんと目を配ることです。

そして、もうひとつ大切なことがあります。それは、あなたが相手のことを「どう思っているか」を、ちゃんと伝《つた》えておくことです。

どう思っているかが伝《つた》わっていないと、たとえば、あなたが相手とつき合う前にセックスをした時、「誰《だれ》とでもセックスするのかな」という誤解《ごかい》が生まれたりして、「そういう女か。だとすると彼女《かのじょ》にしたくないな」

と思われ、都合のいい女にされてしまうことになりかねません。

「こう思ってるから、こんな行動《こうどう》を取っているんだよ」

と、ちゃんと伝《つた》えていないせいで起こる悲劇《ひげき》です。

「好き」だから「することにした」という部分が、ちゃんと伝《つた》えられていれば、相手からどう思われているのかと悩《なや》む必要《ひつよう》もなくなるので、多くの女性が心配している「こう思われちゃうんじゃないか」問題のほとんどは、そもそも起こりません。

その部分がきちんと伝《つた》わっていれば、相手の「あなた」に対する認識《にんしき》がねじれることがなくなるので、どんな行動《こうどう》も正しく解釈《かいしゃく》してもらえます。

どこがどんな風《ふう》に好きか、どのくらい好きか、なんで好きなのか、好きだからどう思っちゃってどうなっちゃうか……。本音を真っすぐに伝《つた》える習慣《しゅうかん》を持ちましょう。

MISAKI'S LOVE TECHNIQUE 7

連絡先《れんらくさき》ってどうやって聞けばいいの？

「連絡先《れんらくさき》、教えてください！」

と真っ正面から聞くのは、なかなか勇気《ゆうき》がいるし、

「なんのために？」

と聞かれてしまう可能性《かのうせい》もあるので、連絡先《れんらくさき》を聞きたい時は交換する理由を作るのがおすすめです（私は、興味《きょうみ》のない異性《いせい》に連絡先《れんらくさき》を聞かれるとけっこう言ってしまう、「なんで交換するの？」って）。


たとえば、一緒《いっしょ》に写真を撮《と》ってそれを送るという理由（この場合、できれば相手の

携帯《けいたい》で写真を撮《と》ってもらい、「欲しい！　送って！」が一番スムーズ。「今撮《と》った写真、送ってあげる！　連絡先《れんらくさき》教えて！」だと相手は別に写真を欲しいと思っていない場合もある）。

または、「梅雨《つゆ》が明けたら、バーベキューとか、したくないですか？」と、ぼんやりとした予定を立てて、仮約束《やくそく》をして、その件についての連絡《れんらく》用にと連絡先《れんらくさき》をきく、という方法もあります。

共通《きょうつう》の友人知人がいる間柄《あいだがら》であれば、一度グループで会う機会《きかい》を作って、そのメンバーでのグループLINEを作り（この場合も、写真の共有《きょうゆう》などの理由をつけて「グループLINE作ろうー！」と言いだす）、そこから欲しい連絡先《れんらくさき》を拾うという手もアリです。

MISAKI'S LOVE TECHNIQUE 8

恋が叶《かな》いやすくなるデートの誘《さそ》い方

恋が成就《じょうじゅ》するかどうかは、まずデートに誘《さそ》えるかどうかにかかっています。1回目のデートにたどり着くことが何より肝心《かんじん》であり、そこまでいける人はけっこうイケます。

①1、2回目は口実《こうじつ》で

恋愛《れんあい》上手な人は、デートに誘《さそ》う口実《こうじつ》を見つけるのがうまい人です。

「今週末、桜が咲くんだって！　お花見しようよ」

「五月病の季節《きせつ》だね。なんかテンション上がることしようよ」

「来週、花火大会があるから行こうよ」
「秋だね、芋掘《いもほ》りのシーズンだよ」

これらはすべて、でかける目的に見せかけた「会うための」口実《こうじつ》です。デートの口実《こうじつ》になるイベントが、日本にはたくさんあります。毎月何かしら口実《こうじつ》にできるような催《もよお》しなどがあるのです。

そして、そういう季節《きせつ》のイベントの良さは、日にちが限定されることです。約束《やくそく》を先延《さきの》ばしにされないための口実《こうじつ》として、すごく良いのです。

「こんな理由で誘《さそ》うのは変かな？」

などと、自然《しぜん》さを装《よそお》う必要《ひつよう》は一切《いっさい》ありません。堂々《どうどう》と口実《こうじつ》を言っていいのです。

それが男女間における暗黙《あんもく》の了解《りょうかい》なのです。

いきなり「会いたいから会おう」と言うのも乱暴《らんぼう》だから、「遊園地《ゆうえんち》に行こう」とか「動物園《どうぶつえん》へ行こう」などとオブラートに包《つつ》むけれど、その行き先が目的だとは相手も思っていないから大丈夫です。どんな誘《さそ》い方をしようと、どちらにしても「あなたに会いたいです」という字幕《じまく》が相手には見えています。

だから、そこに自然《しぜん》さを求めなくていいし、不自然《ふしぜん》さをヨシとして口実《こうじつ》を作り誘《さそ》えるようになると、恋は俄然《がぜん》、叶《かな》いやすくなります。

②1回目のデート中に、2回目へ繋《つな》げるための会話を

口実《こうじつ》を作り、無事に1回目のデートまでたどり着けたら、当日の最重要ミッションは、2回目のデートへの伏線《ふくせん》を張ることです。

1回目のデート中に、どこかで必ず

「あ、じゃあさ、今度はそこに一緒《いっしょ》に行こうよ」

という会話をしてください。というか、その一言を発するためのトークを展開《てんかい》しましょう。相手の好きな物をきくのが早いです。

「食べ物は何が好きなの？」

「焼肉」

「この前、行った焼肉屋さんがすごく美味《おい》しかったよ！　今度一緒《いっしょ》に行こう」

このレベルで良いです。食べ物や飲み物でも遊《あそ》び方でも、何でもいいので、何らかの「好きな物」を聞きだし、一緒《いっしょ》に「楽しみな予定」を立ててから解散しましょう。

③3回目以降は「会いたいから」という理由で

1回目のデートは口実《こうじつ》を作った方が絶対に誘《さそ》いやすいし、断《ことわ》られにくいです。

そして、2回目のデートに関しては、1回目のデート中に約束《やくそく》を取りつけます。

ですが、3回目以降は、誘《さそ》う理由を「会いたい」にしましょう。

「会いたいから、遊《あそ》ぼう！」

「会いたい！　いつ会える？」

これはもう「好きです」と言っているようなものです。というか「好き」を伝《つた》えるための誘《さそ》い方です。前述《ぜんじゅつ》しましたが、「好き」はバラしてナンボです。

告白は、まだできなくても、「好き」のフラグは3回目あたりからバンバン立てていきましょう。会いたがる、というのは、とても「好き」が伝《つた》わる言動《げんどう》です。

関係を友達モードで安定させないためにも！

column
美咲《みさき》のおすすめデート

私は男性が芋《いも》を掘《ほ》っている姿を見るのが好きで、結婚《けっこん》相手を探していた時代、ひと秋に最大で20人くらいの男性と芋掘《いもほ》りをしていました。

芋掘《いもほ》りには、かなり人柄《ひとがら》がでます。というか魔法《まほう》の一言によって、人柄《ひとがら》をモロにださせることができます。

それは「根っこの先まで、ちぎらないように掘《ほ》りだしてみて」というリクエストです。

サツマイモをゲットする、という芋掘《いもほ》り本来の目的を果たすためだけなら、根っこまでちぎらずに掘《ほ》る必要《ひつよう》は全くないので、ある程度サツマイモの姿が見えたら引っこ抜いてしまっていいのですが、

「私は、根っこの先までちぎらないで掘《ほ》りたい。掘《ほ》って」

と言うんです。すると、

「え、いいじゃん別に」

と言って、そもそもリクエストを無視《むし》して引っこ抜く人もいれば、

「分かった！　根っこまで掘《ほ》るね！」

と言って、丁寧《ていねい》に取り組んでくれるものの手先が不器用なために芋《いも》を折ってしまう人もいたりします。つまり、芋掘《いもほ》りをすると、その人がどんな人なのか垣間見《かいまみ》えるのです。

MISAKI'S LOVE TECHNIQUE 9

1回目のデートにもたどり着けない時は？

自分なりに口実《こうじつ》を工夫して誘《さそ》ったにもかかわらず、「今月バタバタしてて……」とか「しばらく仕事が忙しくて」などと全然約束《やくそく》が取りつけられなかった場合にできることは3つあります。

そもそも彼がどのような考えで誘《さそ》いを断《ことわ》ったのか、と想像すると、

「そのために時間を作るほどには気が乗らない」

「とくに会いたいというほどの相手ではない上に、行き先にも興味《きょうみ》がなかった」

「2人では会いたくない」

おそらくこのうちのどれかです。

なので、この状況におかれている時にできることとしては、

①たまたま気が向くタイミングを狙《ねら》う
②すごく魅力的《みりょくてき》な行き先で釣《つ》る
③人数を増やす

の３つになります。

①たまたま気が向くタイミングを狙《ねら》う

わざわざあなたと会うために時間をあけて予定を組んだり、あなたと会うために身支度《みじたく》をして電車に乗る気にはならないとしても、彼《かれ》が約束《やくそく》の相手にドタキャンされて、

（もうそのつもりで家もでちゃっているのに……）

というような気持ちになっている時に、あなたから連絡《れんらく》がきたら、

「まあ、じゃあ、行こうかな」

と、誘《さそ》いに応じることもあります。そのタイミングを狙《ねら》うのです。

定期的《ていきてき》に、メルマガのように、「今日、飲みに行かない？」などと送り続けましょう。

運が良ければ、1回目のデートにたどり着けることがあります。

②すごく魅力的《みりょくてき》な行き先で釣《つ》る

彼《かれ》にとってあなたが「とくに会いたいというほどの相手ではない」という場合、口実《こうじつ》レベルの行き先では応じてもらうことが難《むずか》しいので、もはや口実《こうじつ》ではなく、彼《かれ》にとっての真の目的になる行き先を提案《ていあん》します。

彼《かれ》のことをリサーチし、世の中の魅力的《みりょくてき》な場所も調べ、とにかく内容で勝負《しょうぶ》をします。

「え、そこは行ってみたい！」となるような行き先を告げて誘《さそ》います。

③人数を増やす

「2人では会いたくない」というパターンは、けっこうあります。

2人で会うほどの対象《たいしょう》だと思えなかったり、2人で会うのは気まずいと感じていたり。また、相手のことがどうというより、恋人がいるなど、異性《いせい》と2人で会うことに積極的《せっきょくてき》になれない場合もあります。

ですが、「2人では会いたくない」のほとんどは「まあ4、5人でなら別に会ってもいい」というパターンなので、人数を増やした企画で誘《さそ》うと、あっさり会えたりします。

とにもかくにも、一緒《いっしょ》に過ごす時間を持たないと、仮にあなたと彼《かれ》が恋仲《こいなか》になれる相性《あいしょう》だったとしても、そのことに彼《かれ》が気づくタイミングがありません。まずは、2人きりにこだわらず、会う機会《きかい》を作ること。

グループで遊《あそ》ぶ機会《きかい》をたくさん作りましょう。

MISAKI'S LOVE TECHNIQUE 10

あえての「ずうずうしいパフォーマンス」

飲み会でサラダを取り分ける役目をするタイプの女性から見ると、

「あの子、何もしてなくない？」

「ていうか、ずうずうしくない？」

と思うような女性が、素敵《すてき》な男性から選《えら》ばれることが、よくあります。

一見、たいして役に立つ行動《こうどう》をしていないのにモテる女性は、相手がリラックスする状況を作るために、あえて「ずうずうしいパフォーマンス」をしています。

たとえば、食事の時に、運ばれてきたお料理に誰《だれ》も手をつけないことがあります。

誰《だれ》も手をつけてないから、みんな手をつけられずにいる。誰《だれ》かが手をつけるのを待っている。そんな状況は、よくあります。

そんな時に、先陣《せんじん》を切って箸《はし》をつける。

これは一見するとずうずうしい人ですが、素敵《すてき》な男性なら、ずうずうしい役目を買ってでてくれたんだな、という認識《にんしき》を持ちます。


日本には、みんなが牽制《けんせい》しがちになるタイミングがたくさんあります。最後の1個が残るのもそうです。そんな時に、

「これ私、食べたい！　もらっていい？」

と言える女性はモテます。

ずうずうしいと思われそうでできないけれど、その牽制《けんせい》のせいで滞《とどこお》る事態《じたい》についてはみんな「気まずい」と感じているので、その気まずさを取り払ってくれる女性には好感《こうかん》を抱くし、「いてほしい」と感じる。だからモテるのです。

私はバーベキューでは、

「その先っぽがついてるアスパラ、私、欲しい！」

なんてことも言います。男性と2人で飲みデートの時に、だし巻き卵を食べる機会《きかい》があったら、端っこではなく真ん中から取ります。ケーキのイチゴまで欲しがります。

このずうずうしいパフォーマンスには、「こんなに好きに振《ふ》る舞《ま》えるってことは、リラックスしてるんだな」と思わせる効果《こうか》もあります。

リラックスしているように見せる、というのは、相手をリラックスさせるコツでもあります。

相手に気を使われると、人は気を使います。自分といると気まずそうな人とは、気まずくなるから一緒《いっしょ》にいたいと思いません。

気を使わせないためには、気を使っていないように見せることが大事なのです。

「気を使わないでいいからね」や「お気遣《づか》いなく」という言葉には、何の効力もありません。

「あえて自分から敬語《けいご》を崩《くず》す」というのも、ずうずうしいパフォーマンスの定番《ていばん》です。

人は年齢《ねんれい》を重《かさ》ねるほどに、他人から先輩《せんぱい》扱いしかしてもらえなくなり、友達になれる人が減《へ》っていきます。誰《だれ》も隣《となり》には立たなくなり、下から目線しかもらえなくなります。これはけっこう、寂しいことです。

敬語《けいご》を使い続けるということは、壁《かべ》を作ることであり、
「あなたと私は、友達には、なれませんよ」
と感じさせることです。

なので、あえて自分から敬語《けいご》を崩《くず》す、というスキルを持つと、男女問《と》わず、一気に友達レベルで打ち解《と》けられる人が増えます。

たとえば彼《かれ》の家族とも。
私は、彼《かれ》の両親にも兄弟にも、出会った瞬間《しゅんかん》から敬語《けいご》を使っていません。

ただし、これは相手への敬意《けいい》があってこそ成り立つもので、あえて敬語《けいご》を使わない時、会話の内容には細心の注意《ちゅうい》を払うことが必要《ひつよう》です。
敬語《けいご》を使っていないだけで、話している内容は、すごくまともで思いやりがあり、

しっかりとした考えがある、と理解《りかい》されないとダメです。そうでないと、ただの失礼な女性になってしまいます。

敬意《けいい》を、敬語《けいご》ではなく、言動《げんどう》の内容で表現できるようになると、モテ方が抜きんでます。

column

デート中の会話ってどうすればいいの？

「デート中、会話をどうすればいいか分からない」と悩《なや》む女性は多いですが、そういう人は、会話を大それたものだととらえすぎな傾向《けいこう》があります。

バラエティー番組でのトークじゃあるまいし、ショーとして観客《かんきゃく》に向けてお話しするわけではないので、日常《にちじょう》会話に関しては、おもしろい話をしようとしなくていいし、会話をしている状態《じょうたい》さえ保《たも》てれば合格です。

それはつまり、話題《わだい》を途切れさせないこと、返答に詰まらないようにすること。

この2つがしっかりできていれば、会話が上手な方だと言えます。

会話をする時のコツは、ゲームのマジカルバナナのように少しずつスライドして次の話題《わだい》に繋《つな》げていくことです。

「ゴリラと言ったらバナナ、バナナと言ったら黄色」という、あの程度の接点《せってん》で、話題《わだい》を次に繋《つな》げていくこと。

バラエティー番組のひな壇《だん》とは違《ちが》って、デートの会話に、特別《とくべつ》な機転《きてん》やギャグセンスなどはいりません。

気まずい沈黙《ちんもく》を作らないようにさえすれば良いのです。

とにかく相手が話している時はしっかり耳を傾《かたむ》けて、次の話題《わだい》にスライドできそうなキーワードを拾いましょう。

DJになったつもりで、言葉をなめらかにスムーズに、次に繋《つな》げていきましょう。

MISAKI'S LOVE TECHNIQUE 11

オープンエロは危険《きけん》!? ～エロいと下品のボーダーライン～

たとえば飲み会での下ネタトーク。これに参加すること自体は、下品ではありません。エロいと下品のボーダーラインは、どんな言い方をするかです。言っている内容ではなく、言い方をどうするかで決まります。エッチな話を、具体的《ぐたいてき》な言葉で説明してしまうと「下品」になり、「これ以上は、あなたの想像力で完成させてください」という余白を残した言い方をすると「エロい」になります。

【例】※2つの文章は、全く同じ内容です。

下品「フェラには自信《じしん》がある」

エロ「好きな人のことは気持ち良くしてあげたくなる」

下品「ちんこが小さい男だった」

エロ「入ってるのかどうか分からなかった。入ってなかったかもしれない」

下品「毎日セックスしてる」

エロ「最後にいつしたかは言わないけど、今年は年間３６５回を目指してる」

ちなみに、この下品な表現に関しては、男性の前では控《ひか》えましょう、ということではなく、そもそも抵抗《ていこう》感を持ってほしいのです。

私は、相手が誰《だれ》であれ、女友達との会話でも、こういった具体的《ぐたいてき》な言葉を口にするのは無理《むり》です。正直、今ここに例文として書いている時も、イヤでした。

もしもあなたが今、平気で「手マン」や「ちんこ」という言葉を口にできるとしたら、すでに感覚《かんかく》が麻痺《まひ》しているので、けっこう気をつけないと、普段《ふだん》から下品になっている可能性《かのうせい》が高いです。

MISAKI'S LOVE TECHNIQUE 12

ドリカム度数をあげよう！

私は、他人のLINEを見るのが好きです。

仕事として恋愛相談《れんあいそうだん》に乗るようになってからは、LINEを見せてもらうことに大義名分《たいぎめいぶん》があるので、

「どんな連絡《れんらく》の取り方をしているの？」

と、好きな人とのLINEのやり取りを必ず見せてもらいます。

そのようにしてたくさんの男女のトーク画面を見まくってきた結果《けっか》、恋愛《れんあい》がうまくいっている人と、うまくいかない人の違《ちが》いを発見《はっけん》しました。

「嬉《うれ》しい！」「楽しい！」「大好き！」

これをどれだけ言いまくっているか、の差です。

ドリカム度数が、高いかどうかなのです。


まず、デートの約《やく》束《そく》を取りつけられたことに対しての「嬉《うれ》しい！」

これは必ず言うべきであり、実際《じっさい》に思っているはずです。好きな人と会えるなんて、とんでもないことなのですから。

「会える！　やったー！　嬉《うれ》しい！」

そうコメントして当然であり、それを言わないのは「好き」を隠《かく》す行為《こうい》です。思っているくせに言わないのは「好き」のだし惜《お》しみです。


デートの最中もたくさんの「嬉《うれ》しい」や「楽しい」があるはずです。ちゃんとそれ、逐一《ちくいち》、言っていますか？

たとえば、終電《しゅうでん》を逃《のが》したら、

「そっか、じゃあ、朝まで遊《あそ》べるね！　楽しい！」

「まだまだ帰らなくて良くて嬉《うれ》しい！」

キスをして2人の距離《きょり》が縮まったことに対して、

「嬉《うれ》しい！」

セックスをしてその人の優《やさ》しさに触《ふ》れたり良いところを見た場合は、

「余計、大好きになった！」

だし惜《お》しみせず、ちゃんと言葉にして伝《つた》えましょう。

MISAKI'S LOVE TECHNIQUE 13

デート後の連絡《れんらく》は「今日の感想《かんそう》」で!

デート後の連絡《れんらく》。恋がうまくいっていない人のやり取りを遡《さかのぼ》ると、「ごちそうさま」「今日はありがとう」などと送ってしまっていがちですが、これらは送ったところで「定型文」という印象《いんしょう》しかないので、あってもなくてもいい「どうでもいいコメント」です。ライブ感がない。

好きな人と過ごした日、あなたは「好きだ」と何度も思っていたはずです。会えば会うほど「好き」なところが見つかって「好き」がどんどん育っていくから、あなたはその人のことを好きなのだろうし、デートの日に感想《かんそう》を述べるとすると、「今日も好きが増えた」であるはず。

デート後の連絡《れんらく》は、社交辞令《しゃこうじれい》の「ありがとう」ではなく、今日のデートの感想《かんそう》である「大好き！」を伝《つた》えてみてください。

「一緒《いっしょ》にいれて嬉《うれ》しかった！　楽しかった！　大好き！　また早く会いたい！」

自分が思っていることを伝《つた》えた分だけ、未来は動きます。

とくにセックスをした場合は、「大好きだからエッチできて嬉《うれ》しかった」「楽しかった、一緒《いっしょ》に寝《ね》ると体調良くなる」など、その彼《かれ》とのセックスを全面的に肯定《こうてい》している感がでるコメントをしましょう。セックスをすることが安定している仲《なか》であれば「早くまたくっつきたい」などの、その彼《かれ》との行為《こうい》を良いものだと思っていて、とても気に入っている、ということが伝《つた》わるコメントをしましょう。

MISAKI'S LOVE TECHNIQUE 14

すぐさまの両想《りょうおも》いを求めない

「片想《かたおも》い」というのは「相思相愛《そうしそうあい》だ!!」と思えないすべての状態《じょうたい》を指します。

なので、仮に、彼氏彼女《かれしかのじょ》の間柄《あいだがら》になれていたとしても、彼《かれ》からあまり好かれていない気がしていたり、自分の方がより好きなのかもしれないと思えるのであれば、あなたはまだ片想《かたおも》いです。

片想《かたおも》いの人が、両想《りょうおも》いになるために、まずやるべきことは、

「私はあなたのことが好きです」

ということを相手に知ってもらうことなのですが、片想《かたおも》い中の女性の多くは、それをきちんとできていません。

なぜできないのか。

理由は「相手が自分のことを好きそうじゃないから」です。

自分のことを好きじゃない人に「好き」と伝《つた》えたところで、相手の反応が怖《こわ》いし、ウザいとかキモいとか重いと思われてもイヤだし、その空気はめっちゃ気まずい。

そう考えるため、ほとんどの人は、相手も自分のことを好きそうな場合にしか「好き」と言えません。

でもね、だからダメなんだよ！

すぐさまの両想《りょうおも》いを求めすぎだから！

「両想《りょうおも》い」という状況だけが欲しくて、相手は誰《だれ》でも良いんです、ということであれば、すぐに両想《りょうおも》いを手に入れることもできますが、

「この人と、両想《りょうおも》いになりたい！」

と相手を指定するのであれば、もう少し根気《こんき》がいるし、勇気《ゆうき》もいります。

そりゃそうでしょう。

自分が好きになった人が、自分のことを好きになってくれるって、奇跡《きせき》です。その奇跡《きせき》を意図的《いとてき》に起こそうとしているのだから、そこにはたくさんの作戦《さくせん》が必要《ひつよう》。

「欲しい！」と思い描《えが》いた未来を手に入れていく人生を送りたいのだとすれば、努力《どりょく》はどうしても必要《ひつよう》です。

根気《こんき》も勇気《ゆうき》もいらない選択《せんたく》だけをしているのでは、なるようにしかなりません。好きになった人から好きになってもらえる未来を手に入れたいのなら、好きになってもらえるようにしないといけないのだから、なるようになるじゃダメだよね。

片想《かたおも》いだ、ということから目を背《そむ》けてはいけません。片想《かたおも》いの時期《じき》に「好き」を伝《つた》えることは、片想《かたおも》いを痛感《つうかん》することでもあります。

「好きだよ」と伝《つた》えて、
「俺《おれ》も好き」が返ってこない時、
「あーやっぱり好きなのは私だけだ」
と、落ち込むキッカケを自分で作ることにもなります。

それでも、片想《かたおも》いから両想《りょうおも》いを目指す時には、どうしても一定期間《いっていきかん》、一方的に彼《かれ》に「私はあなたが好きなんだよ」と知らせ続けることが必要《ひつよう》です。

彼《かれ》の心が動くまで、この活動を続けましょう。

自分の伝《つた》えた「好き」によって、彼《かれ》の心に影響《えいきょう》が出始めた時、「あー、あきらめなくて良かった」「伝《つた》えて良かった」とむくわれます。両想《りょうおも》いになれている人はみんな、根気《こんき》を持って、この作業《さぎょう》をおこなっています。

彼《かれ》が自分のことを好きそうじゃないから「好き」って言えない、なんて、生意気《なまいき》すぎ、お高くとまりすぎです。

MISAKI'S LOVE TECHNIQUE 15

「自分からいくほどかどうか」のふるい

私が「自分から誘《さそ》えばいいじゃん」と言うと、「自分から誘《さそ》うほどじゃない。誘《さそ》われたら行ってもいいかなって程度」と答える女性が、よくいます。

「連絡《れんらく》すれば？」に対する、「連絡《れんらく》するほどではない。来たら、返すけど」も、よくあります。

この感覚《かんかく》は、男性も同じように持っているものです。私たちは常日頃《つねひごろ》、出会う男性たちから、この「自分からいくほどかどうか」のふるいにかけられています。

人は異性《いせい》に対して3つの受け皿を持っていて、出会った異性《いせい》のことを常に仕分《しわ》けしています。その比率《ひりつ》は、以下のとおりです（※筆者調べ）。

■自分からいくほど……1％
■自分からいくほどじゃないけれど、来られたらOKの範囲内《はんいない》……84％
■来られても無理《むり》……15％

「自分からいくほど」というのはナンパ（逆ナン）するほどのレベルで、強烈《きょうれつ》に惹《ひ》かれる相手のことです。普通《ふつう》の男女にとって、そう思える相手は日本の中に1％程度しか生息《せいそく》していないので、一生出会えないパターンもザラにあります。

「来られても無理《むり》」というのは、間接キスをすることにも抵抗《ていこう》がある相手のことです。出会う相手の15％程度が、そこに振《ふ》り分けられます。わりといます。

そして、最も多いのは「自分からいくほどじゃないけれど、来られたらOKの範囲内《はんいない》」という相手です。

日本中のほとんどの人が、出会う異性《いせい》をここに仕分けているし、同じように、出会った異性《いせい》からここに仕分けられています。
そうです。ほとんどの場合において、お互《たが》い「自分からいくほどじゃない」と思っていて、だけど「来られたらＯＫ」だと思っているのです。

つまり、いけば、イケるのです。

勇気《ゆうき》をだしてまで（断《ことわ》られてキモくなるリスクを背負《せお》ってまで）自分からいこうとは思わない、と、みんなが思っています。でも、相手から来てくれるのなら、応じる気は満々《まんまん》なのです。

なので、あなたが「自分からいくほどじゃないけれど、来られたらＯＫの範囲内《はんいない》」の男性に対して、
「分かった。勇気《ゆうき》をだす係、私が引き受けましょう。私から声をかけてあげようじゃないですか！」
というスタンスを持ち、自分から行動《こうどう》するようになった時、あなたの生活から恋愛《れんあい》が

途切れることはなくなります。

デートしてみてもいい相手のことは、自分から誘《さそ》ってみる。

気になってきた相手には、自分から連絡《れんらく》をする。

好きになったら、私が、告白をする。

この習慣《しゅうかん》さえ持てば、出会った異性《いせい》の84％くらいとは簡単《かんたん》に恋仲《こいなか》になれます。脈《みゃく》がないわけではないのです。

もしも相手から、「来られても無理《むり》」の15％に振《ふ》り分けられていたら

どうにか「来られたらOKの範囲内《はんいない》」に振《ふ》り分け直してもらいたい場合にできることは、とにかく身だしなみのレベルをあげることです。

前述《ぜんじゅつ》したとおり、女性がコンプレックスを感じている部分が男性のフェチに当てはまることは多いものです。

しかし、現段階《げんだんかい》で「来られても無理《むり》」に振《ふ》り分けられているということは、残念ながら、その彼《かれ》のフェチには当てはまっていないのです。

髪型《かみがた》、髪色《かみいろ》、体型《たいけい》、メイク、洋服、肌《はだ》の状態《じょうたい》、歯並《はなら》びなど、見た目に目立った欠点《けってん》がないか、伸びしろを残したままにしてある箇所《かしょ》がないか、徹底的《てっていてき》にセルフチェックをしましょう。

見た目の印象《いんしょう》が変われば、再度、検討《けんとう》してもらえる可能性《かのうせい》大です。

MISAKI'S LOVE TECHNIQUE 16

フラれた理由は告白の仕方ではない！

自分から告白をしてフラれてしまった時、告白の仕方が間違《まちが》っていたんじゃないかと、反省《はんせい》したり後悔《こうかい》したりしている人がいますが、どのように告白したかは、相手の答えに全く影響《えいきょう》していません。

人は好きな人から告白をされたら、それがどんな方法でも「ＹＥＳ」と言うものだからです。

「電話《でんわ》だったからＮＯにした」

「LINEだったからダメ」

なんてことは、ありません。

告白とは、すでに両想《りょうおも》いの2人がつき合うための、キッカケです。

告白をされた時点で何かを検討《けんとう》しているわけではないし、あとは自分が「YES」と言いさえすればつき合いたい人とつき合える状況で、「手紙で言われたから」という理由だけで断《ことわ》ったりはしません。


直接言っても、電話《でんわ》でも、LINEやメールなどで伝《つた》えたとしても、両想《りょうおも》いなら「YES」と言ってもらえます。逆に、ちゃんと面と向かって伝《つた》えたり、ロマンチックな環境《かんきょう》を用意したとしても、片想《かたおも》いだと「NO」しか引きだせません。

あなたが振《ふ》り絞《しぼ》った勇気《ゆうき》の量《りょう》で、相手の答えが変わるわけではないのです。


大事なことは、本書のテクニックを使って、ちゃんと両想《りょうおも》いになってから、告白をすることです。

片想《かたおも》いの段階で先走って告白をしたところで、フラれてしまうだけだし、多くの人は自分がフッた相手のことを苦手に思う傾向《けいこう》もあるので、場合によっては、避《さ》けられてしまいます。

告白をする前に、今、自分と彼《かれ》が「両想《りょうおも》いなのか」を調べる方法

「好きです」と告白をする前に、まず「好き」のフラグを立ててみましょう。

「好きです」とは言わずに、好きじゃなきゃしないようなことをしてみる、好きじゃなきゃ思わないようなことを言ってみるのです。

たとえば、用もないのに連絡《れんらく》をしてみましょう。

よく恋愛相談《れんあいそうだん》に来た女性に「彼《かれ》に連絡《れんらく》してみなよ」と言うと、連絡《れんらく》する理由を探し始めます。不自然《ふしぜん》でない相談事《そうだんごと》を作ったりと、どうにか用事を絞《しぼ》りだす。

でも、そういう、「連絡《れんらく》する必要《ひつよう》がある連絡《れんらく》」では意味がありません。

好きな人と連絡《れんらく》を取れる嬉《うれ》しさはあるけれど、「好き」だということが彼《かれ》に伝《つた》わる連絡《れんらく》には、なっていない。どれだけたくさん連絡《れんらく》を取っていても、連絡《れんらく》するための理由を用意しているうちは、「好き」のフラグを立てていることにはなりません。

「好き」のフラグを立てる意味は、２つあります。
まず、「好き」だということが相手に伝《つた》わるので、意識《いしき》してもらうことができます。
これは前述《ぜんじゅつ》のとおり、両想《りょうおも》いを目指すにあたり重要なことです。

ですが、今回お伝《つた》えしたいのは２つめです。

すでに両想《りょうおも》いだった場合、必ず、「相手も好きのフラグを返してくる」という法則《ほうそく》があります。

恋愛相談《れんあいそうだん》に来た女性に、好きな人とのLINEのやり取りを見せてもらうことが、よくあるのですが、現時点で両想《りょうおも》いなのかどうかは、一目で分かります。間もなくつき合うことになるカップルのLINEのやり取りは、かなり特徴的《とくちょうてき》だからです。
両想《りょうおも》いの２人のやり取りというのは、「好き」のフラグが両者からバンバン立っています。

告白前の時点で、好きじゃなきゃ言わないことだらけなのです。「好き」のお祭《まつ》り状態《じょうたい》です。

あなたがフラグを立てて、彼《かれ》がそれに乗っかってこない時、あなたはまだ片想《かたおも》いなので、告白をするのは早いです。フラれます。

用事があるわけでもなく、相談《そうだん》があるわけでもなく、連絡《れんらく》が取りたいだけの連絡《れんらく》をして、彼《かれ》の反応をうかがってみましょう。

彼《かれ》も同じテンションで、用事があるわけでもないのに連絡《れんらく》を返し続けてくれたとしたら、脈《みゃく》アリです。

彼《かれ》に連絡《れんらく》できない理由について「それじゃ好きと言ってるみたいだから」と言いだす人がいますが、だからこそ、連絡《れんらく》するのです。

グイグイいく時に大事なこと

自分からグイグイとアプローチする際に、大事なことがあります。
それは、「あなたのことが好みなんです」と明言しておくこと。具体的《ぐたいてき》に、彼《かれ》の「どこが好みか」などを伝《つた》えるようにすることです。

その内容は、外見のことでも、言動《げんどう》など性格に関するものでも、何でも良いです。「顔が好み」や「洋服のセンスがかっこいい」などで良いのです。

「そんな理由だと、バカっぽいって思われそう」
と、彼《かれ》に目をつけた理由を隠《かく》す女性は多いですが、大事なことは、「あなたがそういう人だから、私はあなたを好きになって、いてもたってもいられず、いつもはそんなことないのだけど、あなたを逃《のが》したくないから、今回はたくさん勇気《ゆうき》をだして、こんなにグイグイいっているんです」と分かるようにしておくことです。

そうしないと、ただのチャラい女だと思われてしまうからです。「あなただから」ということを、ハッキリさせておかないと、誰《だれ》にでもグイグイいく系の女性だと思われてしまいます。

彼《かれ》である理由、彼《かれ》がいい理由、彼《かれ》でなければ話が違《ちが》ってくる理由を、言えれば言えるほど良いです。

これは、両想《りょうおも》いになるためではなく、「チャラい女」だと誤解《ごかい》されないためにするべきリスク対策《たいさく》です。

column
告白後の対処法《たいしょほう》

告白後というのは、どう処理をしたらいいか分からない空気になります。実ったら気恥ずかしいいし、フラれたら気まずいです。そこで、告白後の微妙《びみょう》な空気を乗り切るために、おすすめの言動《げんどう》プランをご紹介《しょうかい》しましょう。

【フラれてしまった場合】

告白をするくらいなので、彼《かれ》とあなたは、それなりに仲《なか》が良いはずです。

フラれたらまず、全力で落ち込みましょう。

「え〜〜〜〜〜〜〜〜〜〜〜〜〜〜やだ〜〜〜〜〜〜〜〜〜〜無理《むり》〜〜〜〜〜〜〜〜〜〜」

とその場で盛大にへコみます。

そして、

「分かった。あなたのせいで私はこんなに落ち込んでいるのだから、とりあえず激励会《げきれいかい》して！」

と提案《ていあん》をします。成人《せいじん》であれば「やけ酒つき合って！」と言ってみましょう。

フッてしまった側は、あなたの気持ちに応えられないことで落ち込ませてしまい申し訳ないと思っているので、「激励会《げきれいかい》」や「やけ酒」のような友人として叶《かな》えられる範囲内《はんいない》のリクエストをもらうことで、気持ちが軽くなります。

フラれた人がダメージを受けていない可能性《かのうせい》などないので、平気なフリをしたところで無理《むり》があります。なので、全く気持ちを隠《かく》さずに素直《すなお》に落ち込んだ方が、笑えるし、和みます。

そうすると、こんな状況でも気まずさを払拭《ふっしょく》し、空気を和ませてくれたあなたに対して、彼《かれ》は一目置くでしょう。

（※フッた相手であるはずのあなたが、彼《かれ》にとっての「気になる存在《そんざい》」に変わるかもしれません。）

【実った場合】

「今、この瞬間《しゅんかん》から、私たちはカップルです」となった時、とてもおめでたいのですが、今日ここからの時間を、どうしたらいいのか分からないという空気になります。

そんな時は、これから何をするかを決めてしまうと、気が楽になります。

そこでおすすめなのが、

「つき合った記念に、0日記念日のプリクラを撮《と》りたい」という提案《ていあん》をすることです。

この時におすすめなポーズは、
①LOVE《ラブ》&《アンド》PEACE《ピース》（お互《たが》いの外側の手を真ん中で合わせて〝♥《ハート》〟を作り、内側の手でピースサインをする）
②お互《たが》いのイニシャルを手や腕《うで》で作る
③後ろから抱きしめる
です。

STEP 2

ラブラブを維持するには？

MISAKI'S LOVE TECHNIQUE 17

告白から始まるカップル、セックスから始まるカップル

カップルには、告白から始まるカップルと、セックスから始まって結果的《けっかてき》にカップルになる場合があります。

一般的《いっぱんてき》には「告白から始まる」ことがカップルの理想《りそう》とされていますが、何を一番大切に考えるかの違《ちが》いです。

告白をして、つき合ってからセックスをする、というのは「順番《じゅんばん》を大切にする」という考え方。一方、先にセックスをしてからつき合うのは「相性《あいしょう》を重んじる」という考え方です。

順番《じゅんばん》を大切にするのはレッテル対策《たいさく》

「順番《じゅんばん》を大切にする」というつき合い方が一般的《いっぱんてき》に理想《りそう》とされていて支持率《しじりつ》が高いのは、始まりがセックスだと、

「（パートナーから）軽い人だと思われる」

「（パートナーを）軽い人だという目で見てしまう」

という懸念《けねん》があるからです。


お互《たが》いを変な先入観《せんにゅうかん》で見たくない、という思いから、多くの人は、

「そういう人だと思われたら困るから、ちゃんと、告白 ⇓ 交際《こうさい》 ⇓ セックスという順番《じゅんばん》を大切にしよう」

と考えます。

ちなみに、出会いのシチュエーションにこだわる人が多いのも同じ理由です。

「ナンパで始まるのはイヤ」

「合コンとか相席居酒屋《あいせきいざかや》は無理《むり》」

「普通《ふつう》に自然《しぜん》に出会いたい！」

このように考えがちなのは、出会いに飢《う》えた末路《まつろ》感のある出会い方をしてしまうと、仮に相手のことを大好きになれたとしても、

「ナンパしてきた男」

「ナンパに応じた女」

「合コンにノコノコと来ちゃうやつ」

「相席居酒屋《あいせきいざかや》で楽しそうだった人」

という目で見てしまうから。

出会い方に妥協《だきょう》できない人が多いのは、そのレッテルを背負《せお》う関係に気後《きおく》れするためです。

順番《じゅんばん》を軽んじているわけではなく、相性《あいしょう》を重んじている

しかし一方で、先にセックスをしてからつき合う男女も、たくさんいます。

年代が上がるにつれ、多くなっていく傾向《けいこう》すらある。人生の先輩《せんぱい》ほど、順番《じゅんばん》を軽んじているようにも見えます。ですが、こういった人たちは、順番《じゅんばん》よりも相性《あいしょう》を重んじているのです。

セックス自体への取り組み方もそうですが、それだけではなく、どのくらいの頻度《ひんど》でセックスをしたくなるか、セックス以外のタイミングで、どのくらいボディタッチをするのかなど、その価値観《かちかん》は、人によってかなり違《ちが》います。

たとえば、街《まち》を歩く時に手を繋《つな》ぎたい派の人もいれば、「手を繋《つな》ぐのは家の中だけ」というような人、人前では一切《いっさい》触《さわ》ったり触《さわ》られたりしたくない人もいます。

私が過去に交際《こうさい》してきた男性の中には、エレベーターやエスカレーターに乗るたびに（足場が安定していて、その状況で目が合えば）キスをする人もいれば、前戯《ぜんぎ》としてのキスしかしない人もいました。

腕枕《うでまくら》をされるのが苦手な「寝《ね》る時は離《はな》れたい」派の女性もいるし、「寝《ね》る時はくっつきたい！　あとおっぱいも触《さわ》りたいから服は着ないでほしい」という添《そ》い乳睡眠《ちちすいみん》を希望する男性もいます。

触《さわ》りたい量《りょう》と触《さわ》られたい量《りょう》が一致《いっち》すると、カップルは、とても快適《かいてき》です。触《さわ》りたいところと触《さわ》られたいところの一致《いっち》もそう。タイミングもそうです。

イチャイチャしたい度合いが似ていると、うまくいくし、イチャイチャしているうちに、かけがえのない存在《そんざい》になったりします。

（こんなにしっくりイチャイチャできる相手いないよなぁ……）

という実感は、なかなかの求心力となります。

イチャイチャしたい（あるいは、したくない）量《りょう》が一致《いっち》している2人は、カップルとしての相性《あいしょう》が良いのです。

ちなみに、「スキンシップに関する相性《あいしょう》」と、一般的《いっぱんてき》によく言われる「セックスの相性《あいしょう》」は別物です。

浮気《うわき》をされない女性になるには?

浮気《うわき》は、されない女性がすごいだけです(「浮気《うわき》は犯罪だと思っている」というような価値観《かちかん》を持つ「浮気《うわき》しない」派の男性もいますが、多数派ではありません)。浮気《うわき》をする男性と浮気《うわき》をしない男性がいるというより、浮気《うわき》をされない女性がいる。男性が浮気《うわき》をしないのは、そばにいる女性のお手柄《てがら》なのです。

男性に浮気《うわき》願望があること自体に、

「とんでもない」

「最低」

「ひどい」

「好きじゃなくてもできるなんて気持ち悪い」

と拒絶反応《きょぜつはんのう》を示す女性は多いですが、そういう女性に対して男性は、

「愛と性欲《せいよく》を混同《こんどう》されても困るけど、理解《りかい》できないだろうから建前《たてまえ》で接しておこう」

と思っています。

男性が彼女《かのじょ》に語《かた》る浮気《うわき》論は、本音とはまるで違《ちが》う「ファンタジー」なのです。

でも、悪気のある嘘《うそ》ではなく、思いやり100％の方便なので、普段《ふだん》は嘘《うそ》がヘタな人でも、コレに関しては流暢《りゅうちょう》で自然《しぜん》です。

男性が浮気《うわき》をしない場合、

「他の女性となんて気持ち悪くてできない！　愛がなきゃ無理《むり》！」

と思っているわけではなく、「しないでおく」だけです。

男性が浮気《うわき》をしないことを選《えら》ぶのは、

「浮気《うわき》（性欲《せいよく》）なんかで、この人を傷つけるわけにいかない」

「浮気《うわき》なんかで、この人を失いたくない」と思った時です。

彼女《かのじょ》のことを「性欲《せいよく》よりも大事な人だ」と思った時、優先順位《ゆうせんじゅんい》の1位がその女性になった時に、男性は浮気《うわき》をしないことを決意《けつい》します。

性欲《せいよく》よりも優先《ゆうせん》される女性とは？

①代わりが見つからなそう

彼女《かのじょ》になったとたん、その権利を振《ふ》りかざすような言動《げんどう》をする女性は、かなり普通《ふつう》です。そういう、他の女性も言っているような「当然の文句《もんく》」を言っていると「普通《ふつう》の女」だと思われます。

普通《ふつう》のことを言うのであれば、誰《だれ》でも代わりになれます。特別《とくべつ》だと思われるわけがありません。

喜《よろこ》ぶ沸点《ふってん》の低さと、許す量《りょう》の多さで、他の女性と差をつけましょう!

ただ会えたことに嬉《うれ》しそうにして、顔を見たらパタパタしっぽを振《ふ》って近づいてきて、勝手に隣《となり》やら膝《ひざ》にポジションを確保《かくほ》して、文句《もんく》も愚痴も言わず、何かあげたら嬉《うれ》しそうに受け取って、何かしてあげたら全部大喜《おおよろこ》び。抵抗《ていこう》ゼロの感度100。

そんな彼女《かのじょ》を、男性は大切にします。

②世界で一番、俺《おれ》のことを高く評価してくれる

彼《かれ》の良いところを発見《はっけん》するスペシャリストになりましょう!

たとえば、コンプレックスを「魅力《みりょく》」と言い換えたり、本人が自覚していない長所を見つけて教える、などです。

「俺《おれ》の通知表に一番高い成績《せいせき》つけてくれる子だなぁ」

と思うと、彼《かれ》はあなたから離《はな》れがたくなります。

③この子と一緒《いっしょ》にいる時の自分が好きだ

よくある逆パターンが、

「おまえといると怒《おこ》ってばっかになる、おまえといる時の自分が嫌《きら》いだ」

です。

逆パターンに陥《おちい》らせないための対処法《たいしょほう》は3つあります。


(対処法《たいしょほう》1) 彼《かれ》があなたに優《やさ》しくできるようにする

まずはこちらが優《やさ》しくしましょう。

何かあっても、怒《おこ》ったりせず、申し訳ない気持ちになるように仕向けます。

(対処法《たいしょほう》2) 彼《かれ》を怒《おこ》らせない

ケンカをしないで済むようにしましょう。

そのために、譲《ゆず》る、すぐ謝《あやま》る、大目に見る、言い方を変えるなどの工夫をします。


(対処法《たいしょほう》3) 彼《かれ》が自分のダメなところを痛感《つうかん》しないようにサポートする

苦手なことをやらせない。
劣等感《れっとうかん》を抱く機会《きかい》を作らないように配慮《はいりょ》しましょう。

④セックスしたい相手ランキング1位になる

「新規開拓《しんきかいたく》するより、結局この子とするのが一番気持ち良い」を目指しましょう。

相手を萎縮《いしゅく》させないためのヒント
～萎縮《いしゅく》はセックスレスのはじまり!?～

まずは、性行為《せいこうい》の時だけエロければOKというものではないと理解《りかい》してください。
そもそも、エロさというのは、徹底的《てっていてき》に辻褄《つじつま》を合わせる必要《ひつよう》があります。

本当に「もう我慢《がまん》できない」のなら「ちょっとその前に、シャワーだけ浴びさせて」と言える余裕はないはずですし、「あ、ゴムはつけてね」も全く理性を失っていないことがうかがえる一言です。

男性はこの矛盾《むじゅん》に敏感《びんかん》で、すぐに興ざめするし、自分の性行為《せいこうい》では理性を失わない女性に対して、そもそも萎縮《いしゅく》します。萎縮《いしゅく》です。

男性は、「俺《おれ》とのセックスに夢中になっちゃってる女」の前でしか、エロい自分をさらけだせません。

いついかなる時も、どんな話をする時も、「でも俺《おれ》とのセックスには夢中になる」「俺《おれ》のカワイイ女」という認識《にんしき》（ファンタジー）を壊《こわ》さないような言い方や、やり方をする、というのは鉄則です。

【具体的《ぐたいてき》には？】

①文句《もんく》を言わない

変えてほしいことがあれば、未来についての「おねだり」「リクエスト」として伝《つた》えましょう。

過去に起きたことへの不満《ふまん》は「きちんと要望を伝《つた》えていなかった」ということで、こちらのせいでもあります。流しましょう。

②バカにしない

どんなに惚《ほ》れている相手でも、どこかに「バカだな、この人」「何その考え」と思う部分は、あるに決まっています。

しかし、恋人というのは、ついていかなければいけない上司でもなければ、大事なプロジェクトを一緒《いっしょ》に抱《かか》えている同僚《どうりょう》でもないので、すべてにおいて、２人の考えを統一する必要《ひつよう》はありません。

全体で見た時に、彼《かれ》に対して敬意《けいい》を持てるのであれば、部分的なバカらしさは、いちいち指摘《してき》しないこと。すべてを理解《りかい》したいと思わないこと。共感《きょうかん》できないことを問題視《もんだいし》しすぎないこと。

「（その考え方については、よく分からないけど、あなたのことは）好き」で、片づけましょう。

③プライドを傷つけない

情けない思いや、かわいそうな顔をさせてはいけません。

そういう姿を見られた相手に対して、男性は鼻《はな》の下を伸ばせなくなります。常に彼《かれ》の味方をし、彼《かれ》の夢や希望には「いいね！」の一択で応えましょう。

④怒《おこ》らない
むかつく時は「悲しい」「さみしい」「落ち込んだ」という表現に変えて伝《つた》えましょう。

怒《おこ》らずに不満《ふまん》を伝《つた》え、要求《ようきゅう》を通す方法

彼《かれ》のことは大好きだし、おつき合いは続けていきたい。けれど、彼《かれ》の「こういうところは直してほしい」ということ、ありますよね。

彼《かれ》の言動《げんどう》に、苦手なところや嫌《きら》いなところ、直してほしいところがある時、その場で怒《おこ》らずに、まずは不満《ふまん》を溜《た》め込んでみてください。溜《た》められるだけ、溜《た》め込むことがポイントです。

不満《ふまん》を抱《かか》えながら生活をしていくと、それは迷いや悩《なや》みになります。

彼《かれ》に会うたびに、たくさん迷って、どんどん悩んでください。そして押しつぶされそうになってください。

そのうちきっと、彼《かれ》の前で泣きだすことになります。そうすると、彼《かれ》から、

「え、どうしたの?!」

「何か言いたいことがあるの？」

と聞きだしてもらえるでしょう。その時、

「あなたの言動《げんどう》に苦手なところがあるの」

「でも一緒《いっしょ》にいたいから、どうしたらいいのか分からなくて」

と伝《つた》えると、事《こと》の深刻《しんこく》さと、彼《かれ》を大好きなことが、同時に伝《つた》わるので、その気持ちは大切なものとして受け取ってもらうことができます。


自分のタイミングでガンガン文句《もんく》を言ってはいけません。

「あなたとの関係が壊《こわ》れるのが怖《こわ》くて言えない」

という気持ちが溜《た》まりに溜《た》まって決壊《けっかい》し、ふいに泣きだしてしまった時、はじめて丁寧《ていねい》に聞きだしてもらえるのです。


ちなみに、私は彼《かれ》に不満《ふまん》を言えないタイプなのですが、悩んだり迷ったりすると、す

ぐに膀胱炎《ぼうこうえん》になります。

旦那《だんな》さんは何度か、膀胱炎《ぼうこうえん》からの気持ちが決壊《けっかい》して泣きだすパターンを経験《けいけん》済みで、もうこの仕組みを理解《りかい》しているので、最近では「膀胱炎《ぼうこうえん》になった」と報告するだけで、「俺《おれ》のせい？　なんかイヤなところあった？」ときいてくるようになりました。

どんな内容であれ、相手への不満《ふまん》というのはデリケートな問題なので、ねじれた解釈《かいしゃく》をされやすいですよね。でも、自分から切りださずに相手から聞きだしてもらうことで、こじらせずに伝《つた》えることができます。

ダメなところは怒《おこ》っても直せない

彼《かれ》にダメなところがあっても、それを怒《おこ》るのはやめましょう。怒《おこ》っても仕方がないですから。

なぜなら、人には、直せるのに直していないところなどないからです。

自分のダメなところというのは、本人が最も痛感して生きているので、他人に言われなくても知っているし、直せるものなら直したいと思っています。でも、直せないから、そのままで生きているのであり、本人が好んで抱《かか》えている欠点《けってん》なんてありません。

大人になっても残っているダメなところは、直すのが難《むずか》しいところなのです。

あなたがその彼《かれ》を選《えら》ぶのであれば、彼《かれ》の抱《かか》えているダメなところは、サポートしてあげるべき。自分でその彼《かれ》を選《えら》んだくせに、「今と違《ちが》う人間になってよ」と要求《ようきゅう》するのは、かなり変な話です。

今のままの彼《かれ》ではヨシとできず、変わってほしいと思ってしまうのならば、その彼《かれ》のことを変えようとするのではなく、選《えら》ぶ相手を変えましょう。

彼《かれ》に怒《いか》りをぶつけないために

どうにもこうにも彼《かれ》に対してイライラする。

一緒《いっしょ》にいると怒《おこ》りたくなってくる。

だけど彼《かれ》が自分に対して萎縮《いしゅく》することを避《さ》けるためにも、彼《かれ》に直接感情をぶつけることは避けたい。そんな時に、有効な方法は2つです。

①会う日を減らしてみる

イライラしてしまうのは、会い過ぎてるからです。

会おうと思えば会えるのだけど、会いに行くのをやめておく日を作ってみましょう(彼《かれ》にはそのことは伝えません。予定があって会えないふりをします)。

「本当は今日会えたんだよな」と思うと、かなり寂《さび》しくなり、会いたくなります。

十分に寂《さび》しくなってから会うと、イライラしづらくなっています。

②他の男性と遊んでみる

彼《かれ》に対してのイライラは、彼《かれ》に対しての申し訳ない気持ちで、かき消すことができます。相手に対して罪悪感《ざいあくかん》がある分だけ、人は寛大《かんだい》になります。

本格的な浮気《うわき》をする必要はありませんが、ちょっと言いづらいことをしてみてください。

男性のいる飲み会に行く、男性とお茶をする、食事をする、おでかけをする。

自分的に、このことは彼《かれ》には報告《ほうこく》しづらい、と感じることをしてみてください。

こっそりと、ちょっとした罪悪感《ざいあくかん》の残る時間を過ごすこと。びっくりするほど、イライラしづらくなります。

ただし、絶対に彼《かれ》には知られないようにすること！

これはあくまで彼《かれ》との仲《なか》を円滑《えんかつ》に保《たも》つための行動であり、イライラさせられたことへの腹《はら》いせなどではありません。

こんなことで彼《かれ》との間に波風を立てないように、最新の注意を払いましょう。

column
「彼《かれ》の部屋が汚い」問題と「音信不通」事件

彼氏《かれし》というのは、振《ふ》り返ってみると、ごく一時的に隣《となり》にいる人だったな、と思う。だから、たとえば彼氏《かれし》に何か不満《ふまん》があったとしても、たかだか彼女《かのじょ》程度の私が「そういうところ直してよ」なんていうのは、おこがましいと思うし、そもそも3ヶ月から5年間程度しか一緒《いっしょ》に過ごさない相手だとすると、「まあ、一生のことではないし、そのくらいの短期間《たんきかん》なら、耐《た》えられるかな」と思うので、私は13歳《さい》から始めた男女交際《こうさい》活動において、彼氏《かれし》に対して不満《ふまん》があっても、口うるさいことを言ったことがなかった。

しかしながら、結婚《けっこん》相手となると、話が変わる。

そもそも私は、旦那《だんな》さんとは交際《こうさい》0日で婚約《こんやく》をした。

「美咲《みさき》ちゃん、結婚《けっこん》して」

「うん」

「え、ほんとに?! あ、そしたらとりあえず、親に挨拶《あいさつ》とかあるよね。婚姻届《こんいんとどけ》だす日まで、今日からつき合ってください」

「はい」

「じゃ、今日から俺《おれ》、彼氏《かれし》ね。美咲《みさき》ちゃん、彼女《かのじょ》ね」

このようにして始まったカップル生活だったので、いざつき合っていく中で「彼氏《かれし》なら、まあいいけど、この人、旦那《だんな》さんになるんだよね。これが一生のことになるとすると……、イヤだ、耐《た》えられない……！」

という問題が、ちょいちょいでてきた。

前述《ぜんじゅつ》のとおり、怒《おこ》っても仕方がないと思うし、自分で選《えら》んだ相手に対して「今と違《ちが》う人間になってよ」と要求《ようきゅう》するのは、かなり変な話だ、とは思っている。だけど、それでもやっぱり「結婚《けっこん》は一生のことだ……」と思ったから、婚約者《こんやくしゃ》の彼《かれ》にだけは、いくつか「直してほしい」とお願いしたことがある。

まずは、掃除《そうじ》について。

彼《かれ》は私と婚約《こんやく》した時点では歌舞伎町《かぶきちょう》でホストをしていたのだけれど、婚約《こんやく》をキッカケにお店を辞めて就職をし、新しい職場の近くで一人暮《ぐ》らしを始めた。

ホスト時代にはホテルに泊まり、就職活動中はお互《たが》いの実家を行き来していたので、彼《かれ》の暮《く》らしのスタンスを知らなかったのだけれども、彼《かれ》の一人暮《ぐ》らしが始まり、新居に通うようになって分かったことが、彼《かれ》は掃除《そうじ》が全くできない人だ、ということだった。

はじめの頃《ころ》はまだ良かったものの、月日が重《かさ》なるごとに、どんどん悲惨《ひさん》な状態《じょうたい》へ向かっていく彼宅《かれたく》が、私は日増しに苦手になった。

火曜日に遊《あそ》びに行き、その週の土曜日に行った時に、キッチンの洗い場にまだ同じ食器が同じ状態《じょうたい》で置いてあったりすると、「いったい何日放置し続けるんだろう……！」と、ドキドキした。洗ってあげてもいいのだけれど、すでに4日間放置されたものを触《さわ》るのはコワい。

そもそも彼宅《かれたく》には掃除《そうじ》用具がなかった。引っ越しから3ヶ月たっても、まだ掃除機《そうじき》を買う気配がないし、トイレ掃除《そうじ》の道具もない。

ホコリは気にならないのだろうか？　どこまで汚れたら、気にしだすんだろうか？　雑巾《ぞうきん》だけはあったので、時々こっそり床ぶきはしていたのだけど、そうしていると彼《かれ》が「部屋って案外汚れないもんだ」などと誤解《ごかい》をして、もっと掃除《そうじ》ができない人になりそうな気がしてきたので、私は手をだすのをやめ、限界まで部屋を汚くして、本人がおのずと掃除《そうじ》したくなる日を待つことにした。部屋に対して「汚い」と思うレベルが私と彼《かれ》では違《ちが》うようだけど、もうちょっと待てば、彼《かれ》にとっても「汚い」と思うレベルに達するだろう。

そう思って、しばらくは見守っていた。けれど、いっこうに彼《かれ》は汚いと思わないらしく、私からしてみればもう「立ち入るのがコワい」と思うレベルまで部屋が汚れていった。どうしよう。

そしてついに私は、口だしをする決意をした。「直してほしい」とは言いたくなかったけれど、そうも言っていられない。

この「部屋を掃除《そうじ》してほしい問題」に関して、私が彼《かれ》に要求《ようきゅう》したのは、4つだ。

①キッチンに、洗い物を溜《た》めるのは禁止。その日のうちに洗うこと。ゴキブリがでたらどうするの！（彼《かれ》も私も虫に近づけない）

②廊下に、ゴミ袋《ぶくろ》を溜《た》めるのは禁止。とくに生ゴミは、その日のうちにゴミ置き場に持っていくこと。ゴキブリがでたらどうするの！

③物は、どこかに、しまうこと。床やテーブルに置きっぱなしになっている物はゴミと見なして私が捨てるね。

④ゴミはゴミ箱に入れてください。

男性に「こういうところを直してほしい」と要求《ようきゅう》する時に大事なことは、相手が理解《りかい》できる言い方をすること。何をしてほしいのか、具体的《ぐたいてき》に伝《つた》えること。相手に頭を使わせないこと。

たとえば「部屋をちゃんと片づけてほしい！」とか「部屋を汚くしないで！」とい

う言い方では、彼《かれ》はどうしたらいいか分からず、結局何も変えられないと思う。

おそらく彼《かれ》には、ホコリが見えていないし、トイレの汚れも気になっていない。床がベタベタしていても平気なのだろうから、その辺りを「キレイにして」と要求《ようきゅう》しても「どこが汚れてるの？」となってしまう。

彼《かれ》の感覚《かんかく》でも分かる部屋の汚れは

・「洗い場に洗い物がある」こと
・「廊下にゴミ袋《ぶくろ》がある」こと
・「床やテーブルに物が置きっぱなし」ということ
・「これはゴミ箱に入れる物」ということ

だけだろう、と思う。あとは彼《かれ》には分からないから、無理《むり》だ。

はじめての要求《ようきゅう》をした日、「ということで、掃除機《そうじき》買って。掃除《そうじ》用具も」と言って、私たちは電器屋さんへ行き、彼《かれ》は私に言われるがままに、掃除《そうじ》用具を購入した。彼《かれ》が気づけない汚れは私が除去することに決めた。

この日以来、キッチンに数日前の洗い物が溜《た》まっているようなことはなくなり、ゴミもゴミ箱に入っている率が上がり、床に落ちている物は減《へ》ったし、あったとしても勝手に捨てるようになったので、私は爽やかな気分だ。

同じ感じで、婚約期間《こんやくきかん》中に彼《かれ》に直してもらったのが、連絡《れんらく》の取り方。

私は電話恐怖《でんわきょうふ》症といえるくらい電話《でんわ》が苦手で、27年間生きてきて、友達や恋人に電話《でんわ》をかけたことが一度もない（業務連絡《ぎょうむれんらく》以外の電話《でんわ》をかけたことがない）。かかってきた電話《でんわ》も「うわ、電話《でんわ》……!」と携帯《けいたい》の画面を見つめて焦《あせ》っているうちに留守番電話《るすばんでんわ》になるのが常で、コールバックも基本的《きほんてき》にしないのだけど、わりとそれに近いレベルで、彼《かれ》はとにかくLINEが苦手だ。

そのため私たちは、基本的《きほんてき》に連絡《れんらく》を取ることが難《むずか》しい間柄《あいだがら》にある（こまめに会わないとヤバい）。

電話《でんわ》ができない私と、LINEが苦手な彼《かれ》の組み合わせのため、会っていない日のやり取りとしては1日に1回、キャッチボールのようなLINEをする程度（内容は「大好き」を投げ合うだけ）の、あまり連絡《れんらく》を取らないつき合い方をしており、そのことは、うすうす寂《さび》しいなぁとは思っていた。

そして、つき合って4ヶ月目のこと。

丸2日間、彼《かれ》からの連絡《れんらく》が途切れるという「音信不通」事件が起きた。

2日間連絡《れんらく》を取らないのは、さすがにカップルとしてどうかと思うし、寂《さび》しすぎたので、私は心を閉ざし、そのあとに話し合いとなった。

音信不通の原因は携帯紛失《けいたいふんしつ》だった（彼《かれ》は本当によく携帯《けいたい》を失《な》くす）。頻繁《ひんぱん》に携帯《けいたい》を失《な》くすこと自体やめてほしいので「ストラップをつけるかケースに入れるなりしてポケットからの落下率《らっかりつ》を下げてほしい」とも言ったのだけど、この時に改めて、「連絡《れんらく》をどう取るか問題」と向き合い、定めたルールがこちら。

①16時間までは、連絡《れんらく》を返せないことがあるのも理解《りかい》できる。私も、飲み会（4時間）からの泥酔《でいすい》からの昏睡《こんすい》（12時間）をすると16時間くらい携帯《けいたい》を触《さわ》らないことはある。でもそれ以上、返信がないのはおかしい。私からの連絡《れんらく》には必ず16時間以内に返信すること。

②24時間を超えたらバップ（アウト）！　それは「音信不通」に入る。私は心を閉ざすから、手間ひまかけて、こじあけるように。

「もっとマメに連絡《れんらく》してよ」とか「連絡《れんらく》くれなさすぎて寂《さび》しい」と言うのではなく、具体的《ぐたいてき》に、何時間以内に、どのタイミングで、どのような内容を連絡《れんらく》してほしい、という伝《つた》え方をすると、相手は行動《こうどう》を変えられる。

彼《かれ》に直してほしいところや変わってほしいところがある時は、相手が理解《りかい》できるように言い回しを工夫して、お願いしましょう。

一般的《いっぱんてき》に女性は、感覚《かんかく》や価値観《かちかん》が似ていないと通じないような言い方をしすぎです。それでは、ほとんどの男性には伝《つた》わりません。

※ただし「直してほしい」と言うにあたっては、愛されている、ということが必須《ひっす》です。片想《かたおも》いの段階で要求《ようきゅう》してしまうと、フラれてしまうので気をつけてください。

MISAKI'S LOVE TECHNIQUE 20

嫉妬《しっと》ってしてもいいの？
～ヤキモチと束縛《そくばく》のボーダーライン～

嫉妬《しっと》は、隠《かく》さずに伝《つた》えた方がいいです。
ただし、かわいいヤキモチとして伝《つた》えることが重要です。束縛《そくばく》になってしまうと、相手は気が重くなり、あなたのことが苦手になっていきます。

【ヤキモチ】
「あれをされたらイヤだ」
「こういうことをされると悲しい」

【束縛《そくばく》】

「あれをしてはダメ」

「こういうことはしないで」

ヤキモチというのは、あくまで感想《かんそう》。それをされると「イヤ」ということを伝《つた》えているだけ。「しちゃダメ」という言い方になってしまうと、それは束縛《そくばく》になります。相手の生活を制限しないこと。

妬《や》いているのなら、それは伝《つた》えた方が男性は喜《よろこ》びます。

嫉妬《しっと》は、かなりの恋心なので、大切な愛情《あいじょう》表現です。

でも必ず、かわいいヤキモチとして伝《つた》えること。束縛《そくばく》は相手を苦しめます。誰《だれ》でも、自分を苦しめる人には会いたくなくなってくるし、避《さ》けるようになります。

MISAKI'S LOVE TECHNIQUE 21

マンネリ化をどう避《さ》けるか？

マンネリ化していること自体は問題ではないのですが、「マンネリだ……」とため息をつきたい気持ちになっているとしたら、それは問題です。飽《あ》きているし、違《ちが》うことを求めつつあるからです。

同じ男女の組み合わせでずっとカップルとして生きていく場合、必ずマンネリ化します。すべてのデート、すべての行為《こうい》は、いずれ必ず予定調和《よていちょうわ》になります。ですが、マンネリ状態《じょうたい》を迎えること自体は、カップルにとって死活問題《しかつもんだい》ではありません。

マンネリ化したとしても、お互《たが》いに対する認識《にんしき》が「安定した最強の相手」であれば、ふたりの関係が悪化《あっか》することはありません。

「何かをして一番楽しい相手」

「どんなことをする時も、誰《だれ》よりも、しっくりくる相手」

だと思えていれば、結局何かをしたいと思う時には、その人としたくなるからです。

とくに代わり映えのないセックスだとしても、そのやり方がお互《たが》いにとって最強のお気に入りであれば、セックスレスにはなりません。

なので、たとえばつき合った当初よりキスやセックスの回数が減《へ》るなど、性的に減退《げんたい》した場合、その原因はマンネリ化ではなく、回数を重《かさ》ねたことによって

「このやり方、そんなにツボじゃない」

という自覚が完成してしまったことです。

月日や回数を重《かさ》ねることによって飽《あ》きるから減《へ》るのではなく、するたびに「あんまり好きじゃないや」と気づくから「もういいや」となり、しなくなるのです。

その人のキスやセックスの仕方が大好きでお気に入りの場合は、何回でも繰《く》り返す気が起きます。いつもの味を求めて通ってしまうお気に入りのお店、という感じです。

性生活においての予定調和《よていちょうわ》は、濡《ぬ》れなくなる原因や勃《た》たなくなる理由にはなりません。

減退《げんたい》の原因は、マンネリ化ではありません。とくに気に入っていないことを、人はそこまでリピートしないだけです。


マンネリ化を避《さ》ける方法は、あります。

それは、新しい何かをすること。

行ったことのないところへ行き、やったことのないことをする。ふたりで取り組むことを、どんどん変えていくことで、相手の見たことのない一面を見る機会《きかい》を作るのです。

いつもおうちでＤＶＤを観る、というようなインドア派のカップルであれば、旅行をしてみるだけで、相手の見たことのない一面を必ず見ることになります。

旅先の選《えら》び方、予約に関するやり取り、当日の動き方など、必ず「へえ、こういう人なんだ」と思う瞬間《しゅんかん》に出会います。

その延長線上《えんちょうせんじょう》にあるものが、結婚《けっこん》です。

結婚《けっこん》をすることになれば、まず両親への挨拶《あいさつ》があります。

確実に、彼《かれ》の見たことのない一面を見る機会《きかい》になります。したことのない会話をする機会《きかい》となります。「そんなこと思ってたんだ」を知る機会《きかい》になります。

結婚式《けっこんしき》もそうです。そしてその延長線上《えんちょうせんじょう》に、妊娠《にんしん》や出産もあります。

「妊娠《にんしん》したの！」という報告をする時、必ず彼《かれ》の見たことのない一面を見るでしょう。

これらは「ずっと一緒《いっしょ》にいたい」と思う相手を見つけた男女が、いつまでも退屈《たいくつ》しないで同じ相手と楽しく暮《く》らしていくために活用しているメニューなのです。

結婚《けっこん》も妊娠《にんしん》も出産も、結局のところ、デートです。

子どもが生まれれば、子どもの年齢《ねんれい》によって、どんどん行ったことのないところへ行く機会《きかい》が発生します。運動会ができたり授業参観《じゅぎょうさんかん》ができたりと、どんどん、新しいデートスポットが登場します。

それに、私たちには年齢《ねんれい》という変化もあります。

これはカップルがマンネリ化を避《さ》けるためには便利《べんり》なシステムです。

私たちの年齢《ねんれい》は、何もしていなくても必ず変わっていきます。その都度、年代に見合った遊《あそ》びをしていくことで、彼《かれ》の見たことのない一面を見る機会《きかい》は死ぬまで作れます。

「何十年も同じ顔、見飽《あ》きた」は、パートナーの違《ちが》う顔を見るための新しいデートプランを練っていない人の言い訳です。

彼《かれ》と添い遂げたいのなら、「あなたのイイトコ見てみたい」と思い続け、そのために、新しい良いところを発見《はっけん》できそうな未来を選択《せんたく》し続けることです。

倦怠期《けんたいき》によく似ているので要注意《ようちゅうい》！

パートナーの「自分への気持ち」に対して不安があると、不満《ふまん》げな態度《たいど》になることがあります。というか、不満《ふまん》げな態度《たいど》の裏側《うらがわ》には、たいてい不安があります。

「浮気《うわき》をしているんじゃないか」

「前より好きじゃなくなってきてるんじゃないか」

「他に好きな人ができたんじゃないか」

そんな風《ふう》に不安な気持ちを抱《かか》えながらも、それをうまく相手に伝《つた》えられない時、彼《かれ》の自分への気持ちに確信《かくしん》を持てない怖《こわ》さから、甘えん坊な恋人モードには入れなくなり、代わりにトゲトゲした言動《げんどう》をするようになることがあります。


こういう時のトゲトゲ感は、倦怠期《けんたいき》の言動《げんどう》によく似ています。

優《やさ》しさがなくなり、冷たくなり、イライラしているように見えたりしますが、これは現実と向き合うことへの恐怖心《きょうふしん》から殻《から》に閉じこもっているためです。倦怠期《けんたいき》とは全く別物です。


本当の倦怠期《けんたいき》の場合、その根底《こんてい》にある気持ちは、

「自分の人生には他の人にいける可能性《かのうせい》もあるのに、おまえといてやってる」

です。

もうその人と過ごすことに何の価値《かち》も見出せず、相手のために時間を使うことをもったいないと感じている状態《じょうたい》なので、ちょっとしたことですぐイライラして「何やってんだよ、もう」が口グセのようになります。

倦怠期《けんたいき》は、破局へのカウントダウンがスタートした（ゴングが鳴っている）状態《じょうたい》なので、迎えたら最後、間もなく別れます。

MISAKI'S LOVE TECHNIQUE

22

「憂《ゆう》うつ」にさせる存在《そんざい》になっていないか？

近づけば近づくほど気をつけなくてはいけないのが、パートナーを「憂《ゆう》うつ」にさせる存在《そんざい》にならないようにすること。相手を憂《ゆう》うつな気持ちにさせるような発言には、細心の注意《ちゅうい》を払うようにしましょう。

たとえば、「飲み会に行ってくる」に対しての「えー」。

これを言われると、飲み会の後で会いに行くことは、また「えー」という顔をされるんだろうなぁと思うから憂《ゆう》うつな気持ちになるし、飲み会がある日の昼間に会うことも、「えー行くの？」と言われるだろうからと、憂《ゆう》うつな気持ちになります。

結果的《けっかてき》に「今日は会うのやめておこう」というパターンが増えて、会えるのに会わなくなります。

一般的《いっぱんてき》に、女性は、立場が上になるほどに相手の男性に「えー」をぶつけるようになります。

両想《りょうおも》いの時よりも彼女《かのじょ》になってから、彼女《かのじょ》の時よりも奥《おく》さんになってから、「えー」が増えていく。そうなると男性としては、いくら相手のことを好きでも「今日は会いたくない」という日が多くなっていきます。

それに比べて、新参者の女というのは文句《もんく》を言いません。飲み会の帰りだろうと楽しく会えます。そうなると、そのうちに、そんな女性が勝ってしまったりします。

彼女《かのじょ》や妻《つま》の座にあぐらをかいて、うっかり「憂《ゆう》うつ」な気持ちにさせないこと。それをしてしまうと、彼《かれ》の人生にぽっと現れた女性に、負けます。

ワクワクだけで会える相手の方が勝つのです。

MISAKI'S LOVE TECHNIQUE 23

私、あなたに養《やしな》われたい

男性から愛されるコツは、とことん相手の傘下《さんか》に入ることです。彼《かれ》と男女の仲《なか》であり続けるためには、彼《かれ》の中の「男ぶれるテンション」を守り抜くことが大事で、それは女性の立ち回り方次第《しだい》なのです。

今すぐ捨てた方がいい価値観《かちかん》があります。

「対等でありたい」「それはフェアじゃない」という考え方です。恋愛《れんあい》において、「男女平等」は厳禁《げんきん》です。

愛される女性でありたいのなら、彼《かれ》のことを、とことん男扱《あつか》いすることが大事で、男性だというだけで頼《たよ》りにしまくるべきなのです。

「だってあなた男の人じゃん」「だって私は女だから」という理屈《りくつ》で、何かと彼《かれ》に頑張《がんば》ってもらうこと。これが男性を立てるということです。

たとえば、私なら、彼《かれ》より自分の方が収入が上だったとしても、「私は、あなたに養《やしな》われたい」と言い切ってしまいます。

そして、彼《かれ》といる時には、とことん彼《かれ》のグレードに合わせた生活スタイルにします。

実は、普段《ふだん》はよくタクシー移動をしているのだとしても、彼《かれ》が電車に乗るのならば、一緒《いっしょ》に電車に乗ること。「私が払うからタクシーに乗ろうよ」などと言ってはいけません。そういうことを言ってしまうと、男性は情けない気持ちになり、あなたの前で「男」でいられなくなります。

彼《かれ》を情けない気持ちにさせることは絶対に避《さ》けましょう。

「この女を守りたい」と思ってもらうためには、彼《かれ》から「俺《おれ》が頑張《がんば》れば、守れる範囲内《はんいない》の女だ」と思われておくことが大事です。

なので、彼《かれ》の持っている力で守れそうな感じで振《ふ》る舞《ま》いましょう。男性は「俺《おれ》が頑張《がんば》ったところで守れそうもない。そもそもコイツはひとりで生きていける力を持っているし、俺《おれ》が頑張《がんば》ったところで影響力《えいきょうりょく》がない」と思うと、つまらないので、やる気を失《な》くすと同時に愛する気もなくします。

彼《かれ》があなたの前で男らしく振《ふ》る舞《ま》えるように、ひとりでも生きていける力は隠《かく》しましょう。

※彼《かれ》と一緒《いっしょ》にいない時には、自分の財力に見合った行動《こうどう》をしても大丈夫です。

STEP 3

セックス編

愛とエロは別物

多くの女性は、彼《かれ》とのセックスの回数が減《へ》る（つまり彼《かれ》からセックスを求められる頻度《ひんど》が落ちる）と、愛されていないのかもしれないと落ち込み、他の女性としてるんじゃないかと疑《うたが》い始めます。

男性は、彼女《かのじょ》のパンツを脱がせて触《ふ》れた時に濡《ぬ》れていないと、ショックを受けます。

「もう好きじゃないの？　前より好きじゃなくなったの？」

と不安になります。

一般的《いっぱんてき》に、「愛している」と「欲情《よくじょう》する」は密接《みっせつ》なものだとされています。

パートナーから興奮《こうふん》されなくなった時、とにかく愛情を疑《うたが》う。

「濡《ぬ》れないってことは愛してないんだ」

「勃《た》たないってことは愛してないんだ」

そう考えて、その不安はそのうち不満《ふまん》となり、カップルの間に変な空気が流れます。


ですが、これは勘違《かんちが》いです。

そして、この勘違《かんちが》いが、愛し合っている男女の仲《なか》を、かなりギクシャクさせています。


確かに、人は誰《だれ》かを好きになるとその相手としたくなりますが、その気持ちに関しては、セックスをできる関係になれた時点である程度、満足《まんぞく》してしまいます。

してみたい、に近いです。相手からもしたいと思われたい、という恋心でもあります。

あんなことやこんなこともできちゃうくらい本当に好きなのか、の確認作業《かくにんさぎょう》だったりもします。


つき合い始めて間もないカップルのセックスは、性欲《せいよく》とは別の意欲《いよく》がその半分以上を占《し》めます。なので、無事に、いつでも触《さわ》って大丈夫な間柄《あいだがら》になれて、一通りの確認《かくにん》が完了してしまうと、あえて触《さわ》ってみる必要《ひつよう》がなくなる。

そうなると欲情《よくじょう》のタイミングは、純粋《じゅんすい》な性欲《せいよく》によるものだけとなります。

これがカップルの性生活が減退《げんたい》するということの裏側《うらがわ》です。

この時期《じき》をすぎると、男性の本音は、「できれば、次は他の味が食べたい」です。

同じ男女の組み合わせでは、セックスレスになっていく方が普通《ふつう》です。

ただし、パートナーとのセックスが他の異性《いせい》とのセックスに比べて、とびきり良い場合には、おかわりを繰《く》り返すためセックスレスにならないことがあります。

ひとつの定食を綺麗《きれい》に完食して「ごちそうさまでした」という状態《じょうたい》なので、そこから先は「おかわり」に入っていくのですが、同じ味をひたすらおかわりし続けるというのは、それがよっぽど、群《ぐん》を抜いて美味《おい》しい場合なのです。

また、欲情《よくじょう》というのは、とてもデリケートな感情なので、ちょっとした情報《じょうほう》で、すぐに消沈《しょうちん》してしまいます。

これは性欲《せいよく》に限ったことではなく、たとえば食事をしている時に、テレビ画面に医療《いりょう》関係の番組が映しだされていて、内臓《ないぞう》の画像《がぞう》やら、病名《びょうめい》や病原菌《びょうげんきん》に関する情報《じょうほう》が流れたりするだけで、食欲が失《う》せる人もたくさんいます。

性的な欲情《よくじょう》というのはさらにデリケートで、エロくない情報《じょうほう》は、ロウソクの火にとってのバケツの水くらい、強力な消火作用を持つのです。

column

エロを壊《こわ》したチャルメラ

以前、彼《かれ》とセックスをしていた際に、外から、カンカンカンと、何かを打ち鳴《な》らす音が聞こえてきたことがありました。カンカンカンは、何度も繰《く》り返され、だんだんと近づいてきている。

するど、「火の用心〜」というアナウンスも聞こえてきました。

（気になる……）

どう考えても彼《かれ》も同じ気持ちだと思ったので、

（これ以上、火の用心に目立たれると困る）

と考えた私は「火の用心」を振《ふ》り切るために、なるべく部屋に響《ひび》く音を大きくしようと思い、音がでやすいキスの仕方に切り替えました。彼《かれ》も非常に協力的でした。

そうこうしているうちに、努力《どりょく》が実り、カンカンカンが遠ざかっていきました。

（良かった、これで、音がしない性行為《せいこうい》に切り替えても大丈夫だ！）

そう思った時でした。

今度は、笛《ふえ》の音が鳴《な》り響《ひび》きました。どう聞いても、チャルメラです。

「ラーメン来た……?!」

焼き芋と竿竹《さおだけ》とリサイクルの車は時々通ることがあったけど、ラーメンが来たのははじめてです。

（チャルメラ……！）

私たちは絶対に同じことを考えていましたが、声にだしたが最後、笑ってしまって、最後まで遂行《すいこう》するのは無理《むり》だと想像できていたので、どうにかここは、「見ざる、聞かざる、言わざる」の姿勢《しせい》を貫《つらぬ》き、チャルメラに打ち勝とうと、暗黙《あんもく》の了解《りょうかい》で続行しました。


終了後、タバコに火をつけた彼《かれ》は、長めの煙《けむり》を吐いてから、

「さっきチャルメラやばくなかった？」

と言いました。

「めっちゃ気になったよね」

「萎《な》えるところだった、まじチャルメラは危ない」

「ね。チャルメラは、気が散るよね、さすがに。てかチャルメラって本当に来るんだね。うちの近所来ないけど」

「いや、はじめてだよ。てかチャルメラのラーメン食べてみたいんだけど」

という話になり、家の外に探しに行きました。


エロい気持ちになっている状態《じょうたい》、というのは、本当にデリケートで、たかだかチャルメラに吹き飛ばされます。

つまり、エロい気持ちが壊《こわ》れてしまうこと、萎《な》えること、乾《かわ》くこと、これらは愛情《あいじょう》とは全く別の問題なのです。エロいことをしようとしている時に飛び込んできたエロくない情報《じょうほう》に対して、私たちは無力です。

たとえば、

・「あ、鼻毛《はなげ》がでてる」という発見《はっけん》
・「ん……、変なニオイがする」という感知《かんち》
・「あれ、よく見たら、随分《ずいぶん》と太ったなぁ……」という不意《ふい》の気づき

こういうちょっとしたことが、かなりの破壊力《はかいりょく》を持ちます。

彼女《かのじょ》や奥《おく》さんの体型《たいけい》が変わってしまったことで抱けなくなる男性は、よくいます。

そんな時に女性は、

「そんなことで。ひどい。本当に愛してるの？」

と言いがちですが、これは、その男性の器《うつわ》が小さいからでも、その女性への愛が浅いからでもなく、エロさが脆《もろ》いものだからなのです。

エロさとは、ささいな情報《じょうほう》にさえ吹き飛ばされるものだという認識《にんしき》を持たないと、このように、すぐに愛を疑《うたが》うことになります。

疑《うたが》われた側も、疑《うたが》われているうちに「愛してないんだろうか」と自分の気持ちに

自信《じしん》が持てなくなるので、この勘違《かんちが》いは危険《きけん》なのです。

MISAKI'S LOVE TECHNIQUE 25

エロさはあとからプラスできない

女性側は拒絶《きょぜつ》しておらず、マンネリ化もしていないのにカップルがセックスレスになる原因は、期間《きかん》でも慣れでも飽《あ》きでもなく、萎縮《いしゅく》です。主に、男性側の萎縮《いしゅく》です。セックスレスになりたくないのであれば、パートナーに対してとにかく気をつけなくてはいけないことがあります。それは、いついかなる時も、絶対に彼《かれ》を萎縮《いしゅく》させないことです。

男性は、自分を萎縮《いしゅく》させる相手に対して、エロい気持ちを持てなくなります。だから女性は、今後も抱いてほしい男性に対しては、萎縮《いしゅく》させないように細心の注意《ちゅうい》を払って接する必要《ひつよう》があります。

彼《かれ》が悪いことをしても、鬼みたいに怒《おこ》ってはいけません。残像《ざんぞう》が残ります。彼《かれ》に非があり、ネタは揃《そろ》っていて論破《ろんぱ》できる自信《じしん》があっても、言い負かしてはいけません。ぐうの音《ね》もでないようなやり方をしてはいけません。

「俺《おれ》、こんなにコテンパンにされて、この女の前で、今後どのツラ下げてエロいモードになればいいんだろう」

という気持ちを、彼《かれ》らは一生、どこかで引きずります。

根に持っているわけではなく、「それはそれ、これはこれ」と器用に割り切ることができないのです。そしてセックスレスになります。

彼《かれ》の中にある「俺《おれ》のカワイイ女」という認識《にんしき》を一度でも壊《こわ》してしまうと、その後はその女性のことをエロい目で見ることができなくなります。

・

彼《かれ》に抱かれなくなってから、

「どうすれば彼《かれ》に抱いてもらえますか？」

「何をしたらエロい気持ちになってもらえますか？」

と、エロさをプラスすることで、どうにかしようとする女性が多いですが、エロさというのは失わないことがすべてです。つけ加えることはできません。


そもそも、つき合った当初にはあった「その気」が、途中からなくなってしまうというのは、どこかのタイミングであなたが彼《かれ》の「その気」をへし折っているからです。男性の初期設定《しょきせってい》の「その気」を、どれだけ守れるかが女子力なのです。


男性がエロい気持ちになる上で大切なことは、相手の女性がエロいかどうかよりも、「俺《おれ》のエロさ」を披露《ひろう》しやすい女性かどうかです。

「俺《おれ》のエロさ」が通用《つうよう》しそうか？

「俺《おれ》のエロさ」で、エロい気持ちになってくれそうか？

のびのびした心持ちで向き合える女性でないと、男性はエロさを発揮《はっき》できません。「その気」は、へし折ってしまったら再起不能《さいきふのう》なのです。彼《かれ》にとって「俺《おれ》のエロさ」を見せられる相手であり続けることは、彼女《かのじょ》（妻《つま》）の最大の務《つと》めです。

column

エロい≠セクシーランジェリー（プレッシャーをかけるな！）

モデルをしていた10代の頃《ころ》、現場のスタッフの中に既婚《きこん》で子持ちの男性がいると、よく質問していたことがあります。

「奥《おく》さんとラブラブですか？」

「いやー、もうラブラブとかじゃないね」

「そうなんだ。性行為《せいこうい》って、普通《ふつう》にできるんですか？」

「いやー、厳《きび》しいね」

「じゃあ、２人目の子どもの時って、どうやって作ったんですか？」


回答として多かったのが、「お酒を飲んでどうにか」「直前まで動画を観てどうにか」の２つで、

「もし奥《おく》さんが、積極的《せっきょくてき》に迫ってきたら？　寝室《しんしつ》に行ったらセクシーな下着でスタンバイしてたら、どうですか？」

と重《かさ》ねると、「恐怖《きょうふ》でしかない」「そこまで追い詰めたことを申し訳なく思う」と答える方が多かったです。

女性が、「セクシーランジェリーでも着ればどうにかなるかも、彼《かれ》もその気になるかも」という考えに至《いた》るような状況で、どうにかできる可能性《かのうせい》は、ありません。

セクシーランジェリーの効果《こうか》があるのは、上下バラバラの下着でも大丈夫な関係性の時の2人であって、「力を借りないと!」と焦《あせ》った時のセクシーランジェリーは、ただの強迫になってしまいます。

そしてまた、本書の執筆期間《しっぴつきかん》中に、男心を探るべく男性陣に色んなリサーチを試みていたのですが、「下品とエロいのボーダーラインってどこだろう?」ときいた際、こんな風《ふう》に答えていた男性がいました。

「能動的《のうどうてき》か、受動的《じゅどうてき》か。能動的《のうどうてき》なのは下品。自分からガツガツ来るのはエロくなくて、下品」

焦《あせ》って身につけるセクシーランジェリーは、男性にプレッシャーをかけるだけですし、下品さにも繋《つな》がります。

余計にそういう気になれなくなるので、やめておきましょう。

MISAKI'S LOVE TECHNIQUE 26

「この子、触《さわ》ってると楽しい」と思われるように

ここまでお話ししてきたことからもお分かりかと思いますが、すでに抱かれなくなってきている状況での積極的《せっきょくてき》な行動《こうどう》に関しては、相手への威嚇《いかく》になりかねません。あからさまなエロいパフォーマンスをするのではなく、彼《かれ》の心の中のエロい気持ちを盛《も》りあげるようにしましょう。

男性は基本的《きほんてき》にはセックスをリードする側となるので、自分の考えた「俺《おれ》なりのエロいプラン」を発表しやすい相手であることが、エロいことをしたくなる女性の条件になります。

たとえば耳を舐《な》めた時、

「は？　ナニソレ、エロいつもり？　その舐《な》め方、エロいつもりなの？」

と思われたら怖《こわ》いですよね。

耳から首筋《くびすじ》を伝い乳輪《にゅうりん》へ、そしておヘソを経由し、デリケートゾーンへ、というような長めのコースを描《えが》けるのは、

「俺《おれ》の方がこの子よりエロ的に上手《うわて》だ、エロくないと否定される可能性《かのうせい》は絶対にない」

という安心感があってこそです。

なので、女性側が堂々《どうどう》とアグレッシブにエロい行動《こうどう》にでてしまうと、

「なんか自己流《じこりゅう》がありそう……」

「俺《おれ》のエロは通用《つうよう》しないかも」

「俺《おれ》の一挙一動《いっきょいちどう》、エロいって思ってもらえなかったらサムいよな」

という不安感に繋《つな》がり、彼《かれ》はのびのびとエロいことをできる心境《しんきょう》ではなくなります。

エロいつもりでしていることがエロいと思われないのは、かなり寂《さび》しいことなので、セックスをリードしてくれる男性に対して、エロ面での後輩《こうはい》ポジションを取ることは女性の役割です。

エロに関しては、女性が堂々《どうどう》としないことが、男性を堂々《どうどう》とさせてあげることに繋《つな》がります。


とはいえ、「感じている」という表明をすることは、ものすごく大切です。

「この子に、俺《おれ》なりのエロは、通用《つうよう》してるだろうか？」

「俺《おれ》のエロの公式は、この子の身体《からだ》にとって、正解《せいかい》なのだろうか？」

という不安は、エロいことをしている時、男性の心に常につきまとっています。

感じている、ということを態度《たいど》で表す際のポイントは、

①誇張《こちょう》すること
②嘘《うそ》はつかないこと

です。

3くらいの気持ち良さを感じたら、7くらい気持ち良いかのような反応をした方が良いです。実際《じっさい》は「別にここまで声ださなくてもいられるんだけど」、というくらいだしておいた方が良いです。反応がないとつまらないので手短になります。

女性の反応があればあるほど、男性は手間ひまかけてくれるようになります。手塩にかけて、濡《ぬ》らしてくれます。なので、反応は誇張《こちょう》するくらいが丁度良いのです。

素《す》だと、本当にビッグウェーブが来た時くらいしか、おもしろい反応がなくなってしまいます。でも、そもそも男性は反応が薄《うす》い女性に、ビッグウェーブが起きるほどの手間ひまをかけません。そこまでたどり着く前に飽《あ》きてしまうのです。

感じていることをしっかり態度《たいど》にだすことで「この子、触《さわ》ってて楽しい」と思われるようにしましょう。

ただし、0を3にするのは絶対にナシです。

全然気持ち良いと思っていないタイミングで、感じているフリをするのは、ダメです。それはバレます。

身体《からだ》の変化と態度《たいど》が一致《いっち》しなくなるので「演技《えんぎ》だ」と思われてしまうし、一度「演技《えんぎ》をする子」というレッテルが貼られると、その後は何も通用《つうよう》しなくなってしまいます。

それに、本当に気持ち良い時にそのポイントを覚えてもらうこともできなくなり、結果的《けっかてき》にその２人の性行為《せいこうい》は、いつまでたってもイマイチの繰《く》り返しになってしまうのです。

気持ち良いポイントを覚えてもらうことはセックスレスにならないカップルを目指すにあたってすごく大切なことなので、それが伝《つた》わらない仲《なか》になってしまうと、そのカップルの性生活はお先真っ暗です。

まあまあ気持ち良い時には、すごく気持ち良さそうに、すごく気持ち良い時には、ヤバいほど気持ち良さそうに。

床上手とは話させ上手

「会話上手になりたい！　どうすればおもしろい話をできるようになりますか？」

と言う人がよくいますが、会話上手というのは、自分の話を流暢《りゅうちょう》に話せる人のことではなく、相手が話したいことを話せるようにサポートをするのが上手な人です。

いわゆる聞き上手のことですが、それはつまり、話させ上手なのです。

一緒《いっしょ》にいる人に、

「今日は何だかうまく話ができるな」

「今日の俺《おれ》はおもしろい」

「いつもより、言葉がなめらかにでてくる。調子がいいな」

という気持ちにさせる人こそ、会話スキルが一番高いのです。

床上手も同じことです。

床上手になりたがる女性のほとんどは、アグレッシブにエロいことをする必要《ひつよう》があると思い込んでいますが、男性がぞっこんになるのはアグレッシブなエロい女性ではなく、「俺《おれ》の繰《く》りだすエロいこと」に対する反応が絶妙《ぜつみょう》な女性です。

彼《かれ》が、あなたにしたことに対して「して良かった」と思えるように反応すること。

「この女の身体《からだ》に対して俺《おれ》は正しいことができている」

という自信《じしん》を彼《かれ》に与える反応を終始し続けること。

外していない、と思えるたびにもっとしてみたくなり、イイ気になっていくので、

「これは、どうだ？」

「てことは、こんなのも気持ち良いの？」

と、どんどんエロくなります。

男性がエロくなれるかどうかは女性の反応次第《しだい》なのです。

また、彼《かれ》から「俺《おれ》のセックスをこの世で一番喜《よろこ》ぶ女」だと思われることも大切です。

人は自分のすることを喜《よろこ》んでくれる相手のことを、気に入ります。なぜなら、誰《だれ》かに何かをしてあげたとしても、相手が喜《よろこ》ぶかどうかは運のようなものなので、「喜《よろこ》ばせよう！」と狙《ねら》えば喜《よろこ》こんでもらえるというものではないからです。

こちらが喜《よろこ》べば喜《よろこ》ぶほど相手はイイ気になれるので、セックスをした際には「気持ち良い」という報告と

「（あなたに触《さわ》られると）嬉《うれ》しい」

「（あなたとの性行為《せいこうい》は）楽しい」

「（セックスした結果《けっか》、もっと）大好き！」

という、喜《よろこ》んでいる系の感想《かんそう》は、しっかり伝《つた》えましょう。そう、ここでもやっぱりドリカムなんです。行為のあとも同じです。

「大好きなあなたとできて幸せ」という部分とあわせて、しっかりと彼に喜《よろこ》びを伝《つた》えましょう。

「ここまで俺《おれ》のセックスを必要《ひつよう》として、ハマる女は、いないよなぁ」

と思うと、愛《いと》おしくなるし、もっとしたくなるのです。

column
キスのバリエーション（簡略版）

私はキスをするのが大好きで、キスをすることだけに費やした連続時間の最長記録が8時間なのですが、それを友達に話すと
「よくそんなに続けられるね、飽《あ》きないの？」
「そんなに何をするの？」
ときかれます。ですが、8時間くらいは全然、とくにネタ切れにならないというか、新メニューを繰《く》りだせるので、全く飽《あ》きません。

キスって、みんなが思ってるよりもずっとイロイロやりようがあるんです。
キスって、すっごく、楽しいんですよ！

ということで、この本を手に取ってくれたみなさまには特別《とくべつ》に、私のお気に入りのキスのバリエーションをいくつかプレゼントします。

【どこでもできる／普段《ふだん》使いにおすすめ】

◆小鳥
ちゅっ、というイメージですが、ポイントは唇《くちびる》から力を抜いて、やわらかくした状態《じょうたい》で、小鳥になりきることです。その方がエロいです。この時に唇《くちびる》が力んでいる

と、かなりカジュアルなイメージになります。
※逆に言うと「絶対にキスだけで済ませたい」時には力むと良いです。

◆ついばみ
こちらもポイントは、唇《くちびる》から力を抜いておこなうこと。
「スプッ」という音がでたら正解《せいかい》です。
相手の唇《くちびる》を10分割したイメージを持って、すべての箇所《かしょ》を、ついばみましょう。

◆ペロッと唇《くちびる》を舐《な》める
ちょっとした時（別れ際など）のキスでも、ひと舐《な》めふた舐《な》め挟むと、良い感じにキュンと来ます。

【密室でのキスなら／セックスモード】
①まず相手の唇《くちびる》を食べるイメージでキスをします。
歯は使わず、唇《くちびる》を歯に見立てるイメージで、唇《くちびる》だけを使って食べます。
②舌を1cmくらいだして、相手の唇《くちびる》を控《ひか》えめに舐《な》めます。

少しだけ吸うというのもチョイチョイ挟みましょう。

③舌を3㎝くらいだして、相手の唇《くちびる》を舐《な》めます。
ソフトクリームを舐《な》めるくらいの感じで。

【挿入中におすすめ】

◆口外キス

舌をだして、完全に口の外で、舌のみでのキスをします。お互《たが》いの協力が必要《ひつよう》です。
※けっこう、舌を突きだす必要《ひつよう》がありますが、とても楽しいです。
ちなみに私は口外キスのしすぎで、顎《あご》の下の筋肉が極度《きょくど》に発達していて、専門家に診《み》てもらった際には、「何だ、この筋肉は……。こんな症例《しょうれい》見たことない。何か、舌を極度《きょくど》に突きだす動作とか、した？」ときかれました。

MISAKI'S LOVE TECHNIQUE 28

コンドーム＝安全ではない！

セックスを扱《あつか》う上で一番大事な「避妊《ひにん》」について、日本中の男女が勘違《かんちが》いしていることに、触《ふ》れておこうと思う。この勘違《かんちが》いがなくなることで、読者のみなさまにとってのセックス観がひっくり返ることを狙《ねら》います。

私は、ありとあらゆるセックスレスの根底《こんてい》に、この誤解《ごかい》が流れている、と思っています。

各種避妊法《ひにんほう》の失敗率《しっぱいりつ》を、さまざまな医療系《いりょうけい》のサイトなどで調べてみると、だいたい次のような割合となるようです。

「各種避妊法《ひにんほう》の失敗率《しっぱいりつ》」

・低用量《ていようりょう》ピル（OC）……0.1〜5％程度
・薬物添加《やくぶつてんか》IUS/IUD（ミレーナなど）……0.1〜2％程度
・アフターピル……3％程度
・コンドーム……3〜14％程度
・リズム法《ほう》……1〜25％程度
・避妊《ひにん》しない……85％程度

コンドームをつけていたのに妊娠《にんしん》してしまった知人を私はたくさん見てきました。

以前、望まない妊娠《にんしん》を経験《けいけん》し、用心深くなったカップルで、コンドームをつけてセックスをした上で最後は引き抜いて外で射精《しゃせい》をする、という念には念を入れたコンドーム避妊《ひにん》をしていた知人もいたけれど、彼《かれ》らは間もなくして、再び望まない妊娠《にんしん》をしてしまいました。

コンドームの避妊《ひにん》成功率の低さは恐ろしいと思う。

避妊《ひにん》できるのはピルだけ、だと思うけれども、ピルでさえ100％ではなくて、ピルを飲んでいたのに妊娠《にんしん》してしまった知人もいます。彼女《かのじょ》は看護師《かんごし》さんだったので、飲み方が間違《まちが》っていたとは到底考えられず、成功率100％の避妊法《ひにんほう》はないということを思い知らされました。

外出しが成功していると勘違《かんちが》いしている男性、勘違《かんちが》いさせている女性

「大丈夫、俺《おれ》、妊娠《にんしん》させたことないから」

という理由で、自分の外出しスキルに自信《じしん》を持っている男性をよく見かけますが、男性に知らされない妊娠《にんしん》と中絶がたくさんあることを、彼《かれ》らは知りません。

妊娠《にんしん》を知った時、自分の中に「この人の子どもは産まない」の一択しかなく、「あの男とは、私の中絶歴《ちゅうぜつれき》を共有するほどの仲《なか》じゃない」と考えた時、女性はコッソリと中絶《ちゅうぜつ》をします。

相手の男性に妊娠《にんしん》したのを知らせないことなど、山ほどあります。「外出しすれば大丈夫」は勘違《かんちが》いですが、この勘違《かんちが》いは、妊娠《にんしん》したことを教えないでコッソリなかったことにする女性たちが作りだしてしまったものなのです。

また、女性が妊娠《にんしん》しなかったのは、ピルが効果《こうか》を発揮《はっき》したから、ということもかなりあります。その場合も男性は「俺《おれ》の外出しスキルがすごい」のだと勘違《かんちが》いしています。

自分がピルを飲んでいることを男性に伝《つた》える女性は、かなり少数派です。アフターピルであれ、低用量《ていようりょう》ピルであれ、ほとんどの場合、女性はコッソリ飲んでいます。そのことも男性に「そんな簡単《かんたん》に子どもってできないよね」という勘違《かんちが》いをさせてしまっています。

「コンドームをつけることが彼氏《かれし》に大切にされること神話」は勘違《かんちが》い

コンドームをつけることを絶対条件にすることは、カップル間のセックスの頻度《ひんど》を確実に減《へ》らしています。セックスできるシチュエーションが、限定されてしまうからです。「つけないとできない」は、セックスのフットワークを、かなり重くします。

しかし「女性がセックスの際にコンドームをつけてほしいと願うのは当然のことで、コンドームをつけない男性は最低」説が、世間《せけん》の常識《じょうしき》として固定化しているため、誰《だれ》もそこを問題視《もんだいし》していません。

女性は、自分があまり抱かれない理由が「コンドームは絶対につけて」発言にあるとは微塵《みじん》も思わないし、男性も潜在意識《せんざいいしき》レベルで「ゴムをつけてって言われたことで萎《な》えるなんてヒドい男すぎるだろ」と考えるため、セックスに対する意欲《いよく》が減退《げんたい》する原因をそこに見ることは、ほぼありません。

コンドームの欠点《けってん》は、気持ち良さが変わってしまうことではありません。セックスできるシチュエーションがあまりにも限定されてしまうこと、これが大打撃《だいだげき》なのです。薄《うす》さの問題ではありません。

コンドームはカップルにとって、かなりの妨げとなるわりに、コンドームをつけていたにもかかわらず妊娠《にんしん》している人が、たくさんいる。この真実を、すべての男女に、少なくともちゃんと把握《はあく》していてほしいと思います。

コンドームをつけたくらいで「大切にしている」「大切にされている」と思っているのなら、それは勘違《かんちが》いです。大切にできていません。

では、コンドームは全く必要《ひつよう》ないのか、と言われれば、そうではありません。性病対策《せいびょうたいさく》としては有効です（これについても100％ではないけれど）。

ただ、本来、カップル間でのセックスに性病対策《せいびょうたいさく》は必要《ひつよう》ないはずです。

女性は、セックスをする時、そのセックスが自分にとってどういう意味を持つのかによってコンドームというハードルの高さを変えるべきです。

「コンドームをつけてくれないなんてヒドい」という刷り込みに支配され、何も考えずに「コンドームをつけて」と言うのではなく、結婚《けっこん》したいほど好きなのであれば「この人とのセックスにコンドームが必要《ひつよう》なのか」と一考してみる。コンドームを検討《けんとう》する余地は、あっていいものだと思います。

そして、絶対に妊娠《にんしん》を避《さ》けたいのであれば、避妊《ひにん》について、今より100倍は慎重《しんちょう》に考えるべきです。

男性側は、選《えら》べる避妊法《ひにんほう》の最大限がコンドームをつけることです。それ以外の避妊《ひにん》の手段や選択権《せんたくけん》を持っていません。

女性側にしか選択権《せんたくけん》がないのです。

女性が、コンドーム程度で避妊《ひにん》している気になるのは無責任です。コンドームをつけてくれる程度では大切にされていることにはならない。

「コンドームつける＝大切」「コンドームつけない＝ヒドい」。これは女性の最大の勘違《かんちが》いです。

column
陰毛《いんもう》の存在意義《そんざいいぎ》

「陰毛《いんもう》って必要《ひつよう》なのだろうか？」と疑問に思った女子高生の時、体毛が基本的《きほんてき》に苦手な私は、必要《ひつよう》ないのであればなくしてしまいたいなぁと思い、母に相談《そうだん》をした。


「陰毛《いんもう》いらないかなって思ってるんだけど、なくしてもいいかな？」

「全部なくすってこと？」

「うん、どう思う？」

すると母は、

「全部なくすのは、やめなさい」

と言い切った。


私はそれまでの人生で、母から何かを反対されたことが一度もなく、私が何を言いだしても
「みーちゃんがそう思うならそれが正しいわね」

「みーちゃんがやりたいことをやらせてあげるのが私の役目」

と、ひたすら応援《おうえん》してくれる母だったので、まさかの反対をされたこと、断固《だんこ》として反対されたことにビックリして、

「なんで？」

ときくと、母は少し考え込むように黙《だま》ったあと、

「みーちゃん。陰毛《いんもう》はね、男の人がかきわけるためにあるの。だから、前の三角は絶対に残しなさい」

と言った。

「女の人のそこの毛が好きな人って、いるのよ。みーちゃんはまだこの先どんな人とつき合うか分からないし、つき合った人が毛があった方がいい人だったらかわいそうでしょ。かきわける楽しみを奪《うば》っちゃダメ。前の三角は残しなさい」

私は、はじめて陰毛《いんもう》の存在意義《そんざいいぎ》を知り、すごく納得《なっとく》したので、

「分かった！　前の三角は残すね」

と忠実《ちゅうじつ》に母の言いつけを守り、その後は迷うことなく陰毛《いんもう》のある人生を続けていた。

それから10年がたち26歳《さい》になった私は、今の旦那《だんな》さんと出会った。

プロポーズを受け、結婚《けっこん》するつもりで一緒《いっしょ》にいるようになった冬のある日、彼《かれ》が、いつものように私のパンツを脱がせたあと、

「ねえ、毛、手入れサボってるでしょ」

と言ってきた。

とくにサボった覚えはなかったけれど、そういえば前にI《アイ》ラインの脱毛をしに行っ

たのが夏だったから周期的《しゅうきてき》に生えてくる頃《ころ》だったかなぁと想いを巡らせていると、

「夏よりサボってる。夏は生えてなかったところに生えてる。男が特定になったからってさー、毛の手入れを甘くするんじゃねえよ。ちゃんとしてください」

と大真面目な顔で言われた。よしＩ《アイ》ラインに医療《いりょう》レーザーを照射《しょうしゃ》しに行こう、と思いながら、

「はい、分かりました」

と答えると、彼《かれ》はしみじみと私の股間《こかん》を見たり触《さわ》ったりしながら、

「てか、毛、いらない。パイパンにしようよ。なんで毛あるの？」

ときいてきた。え？　私は少し考えて「下田家の教育方針」と答えた。

「何それ」

「前の三角は絶対残すようにお母さんから言われたんだけど、前の三角もいらないの？」

「いらない。つるつるがいい。その方が舐《な》めやすい。なんなら俺《おれ》もパイパンにするから、美咲《みさき》ちゃんパイパンにしよう」

　前の三角は絶対になくしてはいけないものと教えられたあの日から、一度もその教育方針に関しては疑《うたが》わずに生きてきた私は即答《そくとう》することができず、

「……検討《けんとう》しとく」

とだけ答え、ひとりになってから、今一度陰毛《いんもう》について考えてみた。

母はあの日「かきわける楽しみを奪《うば》っちゃダメ」と言っていた。

私はそれにひどく共感《きょうかん》し、確かにそれはダメだ、だって私の彼《かれ》になる人は、私（彼女《かのじょ》）のしか、かきわけられないのだから、と思ったから、陰毛《いんもう》を（自分としては、いらないのに）残してきた。

過去の恋人にパイパン希望の人は何人かいた。

けれど私はそのたびに、そこだけは断《ことわ》ってきた。わりと反射的《はんしゃてき》に断《ことわ》っていたので、なぜ断《ことわ》ったのか、あまり厳密《げんみつ》な自覚はなかったけれど、今思えば、

「あなたはいらないかもしれないけど、私のこの先の人生で、陰毛《いんもう》欲しい派の人とつき合うことがあるかもしれないし。なくしちゃったらもう生やせないじゃん（チクチクはイヤだから、なくすなら永久脱毛の一択しか考えていなかった）」

という理由で、拒んでいたように思う。

そう考えると、もう彼《かれ》と結婚《けっこん》することを決めているのだから、私の人生に、陰毛《いんもう》は必要《ひつよう》ないのかもしれない。私の相手が彼《かれ》に決まりならば、かきわける楽しみを奪《うば》うこ

とにはならないし、逆にかきわけさせる面倒《めんどう》をかけているのだから。

私は、「パイパンにする!」と彼《かれ》にLINEし、翌日、前の三角もすべて脱毛した。

パンツを脱ぐたびに「決意の貞操帯《ていそうたい》だな」と思う。

MISAKI'S LOVE TECHNIQUE 29

セックスの相性《あいしょう》に「悪い」は存在《そんざい》しない?!

セックスの相性《あいしょう》には2種類《しゅるい》しかありません。「普通《ふつう》」と、ずば抜けて相性《あいしょう》が良い「ドッペルゲンガー」のみです。「悪い」は、ありません。

よく耳にする「セックスの相性《あいしょう》が悪かった」に関しては、問題のポイントを相性《あいしょう》に押しつけているだけで、実際《じっさい》は相性《あいしょう》が悪いのではなく、技術的に「ヘタクソ」か、精神面《せいしんめん》が「青臭《あおくさ》い」場合に、そういった感想《かんそう》が持たれるのです。

《普通《ふつう》》

ほとんどの男女は、コレです。普通《ふつう》のカップルにとって、セックスの良い悪いの鍵《かぎ》を握《にぎ》るのは、技術・知識・思いやりの3つです。

《ドッペルゲンガー》

ずば抜けて相性《あいしょう》が良い相手のことをこう呼びます。「世界中にただひとり、この人しかいない！」ということではありませんが、世界中にせいぜい3人程度の、かなり希少《きしょう》な存在《そんざい》なので、出会えないまま生涯《しょうがい》を終える人の方が多いです。

ただし出会えると、初回からいきなり「え、何この人、私と同じ成分でできてるの?!」と思うほど、ピッタリしっくりと、まったく違和感《いわかん》や抵抗感《ていこうかん》がなく、過不足《かぶそく》のないパーフェクトな性行為《せいこうい》がおこなえます。

《ヘタクソ》と《青臭《あおくさ》い》の違《ちが》い

青臭《あおくさ》くなる原因は情報不足《じょうほうぶそく》です。ほとんどの男性は最初《さいしょ》は青臭《あおくさ》いです。

これは、知識と経験《けいけん》を積み重《かさ》ねることで変わっていきます。青臭《あおくさ》さは若さの象徴《しょうちょう》でもあり、あまり問題ではありません。

一方、ヘタクソな場合は大問題で、これは本人の性行為《せいこうい》に対するスタンス、性的な生き様がもたらすものなので、将来的にも改善《かいぜん》される見込みがありません。思いやりの欠如《けつじょ》と勉強不足《ぶそく》（それで良いと思っている、「みんなそんなもんでしょ！」的な傲慢《ごうまん》さがある、そういう性格）が原因なのです。よく見分けましょう。

MISAKI'S LOVE TECHNIQUE

30

ムードは作らない方が良い!?

キスやセックスをする時はムードを大切にしてほしい、と考えている女性は多いですが、実はムードを求める女性はセックスレスになりやすいです。かなり。

なぜなら、ムードを作らないとお互《たが》いを触《さわ》れないカップルになってしまうからです。ムードが必須になってしまうと、男性は触《さわ》りたいと思った時に、触《さわ》れません。

ムードなく触《さわ》っていいのであれば、触《さわ》りたいと思っている瞬間《しゅんかん》はたくさんあります。道を並んで歩いている時におでこにキスをしたい気持ちになることがあります。でも、ムード作りが間に合わない、という理由で諦《あきら》めます。

コンビニで買い物中におっぱいをつつきたくなる衝動《しょうどう》に駆《か》られることがあります。でもムードがないから止《や》めておきます。

隣《となり》で眠《ねむ》る彼女《かのじょ》のパーカーのジッパーを開いておっぱいに顔を埋《うず》めたいと思うこともある。でも、もう眠《ねむ》いしムードを作るのは面倒《めんどう》だから我慢《がまん》します。

そんな風《ふう》に、触《さわ》る頻度《ひんど》が激減《げきげん》してしまうのです。そして「ムードなんかいらないよ♥」な、触《さわ》りやすい女性が勝つのです。

ムードを欲しがらない女性になることで、彼はあなたをいつでも触《さわ》れるようになるので、セックスレスは遠ざかります。

私、もしかしてセフレ？

彼《かれ》に「つき合ってください」と言われていないのであれば、セフレです。

仮にその男性が「今は彼女《かのじょ》は、いらない」と思っている時期《じき》だったり、「彼女《かのじょ》とか面倒《めんどう》くさいんだよね」という基本スタイルの持ち主だったとしても、出会ってセックスをしているうちにあなたのことを好きになったのだとすれば、「他の人とつき合ってほしくない」と思うようになります。そうなると「自分が彼氏《かれし》になり、彼氏枠《かれしわく》を埋《う》めなくては」という気持ちに追い込まれるので「つき合ってください」と言いだします。

「つき合ってくださいとは言われていないけど、セックスをしてる時に『好きだよ』とは言っている」

という場合も、セフレです。その「好きだよ」は、「（つき合うほどではないけど）好きだよ」なのです。

「つき合ってください」と言われた場合だけが、本命です。

仮に今、彼《かれ》に他のセフレがいなくて、定期的《ていきてき》にセックスをしている相手があなただけだったとしても、とくに「つき合ってください」と言われていないのであれば、本命ではありません。ただのセフレです。

※「彼《かれ》は告白できない（しない）タイプなのでは？」という期待《きたい》を持っている場合は、あなたから告白をしてみましょう。ハッキリします。

#「ヤリ捨て」は禁句《きんく》

好きな男性との関係がワンナイトで終わってしまい、続きがなかった時、ほとんどの女性が「ヤリ捨てされた」と言いだします。

そしてまた、男性から「ヤリ捨て」されることを恐れている女性は多いですよね。しかし、これは、かなり生意気《なまいき》です。

思いだしてください、恋に落ちた日のことを。

当初あなたは、彼《かれ》に遭遇《そうぐう》するだけで嬉《うれ》しく、隣《となり》に座れるだけで舞《ま》い上がっていたはずですし、2人きりで会えるようになれた時、すごく喜《よろこ》んでいたはずです。

そんな彼《かれ》と、ついに同じ布団《ふとん》に寝《ね》ころがることができて、さらには自分の身体《からだ》をたくさん触《さわ》ってもらえたなんて、どう考えても幸せなひと時ではないでしょうか？

LINEのメッセージが届いただけで嬉《うれ》しいほど大好きな彼《かれ》の、パンツの中まで手が届く日が来たなんて、かなりスゴいことです。

「ヤラれた」だなんて生意気《なまいき》です。

「こんなことまでできる仲《なか》になれた！」と歓喜《かんき》するところです。初心を忘れすぎです。

そもそもセックスは、男性のためだけに「してあげる」ことでもなければ、男性に「されてしまった」ことでもなく、２人で一緒《いっしょ》に「した」ことです。

ヤラれてしまう女性のことを男性は軽蔑《けいべつ》します。だから、セックスをするなら「私がしたくて、した」でなければダメなのです。

自分とのセックスを良いものだと思わない女性に対して、男性は萎縮《いしゅく》します。彼《かれ》とのセックスは「できて良かった♥」と言ってあげないといけません。

しかし「ヤリ捨て」という言い方には、「したくもないことをさせられてしまった」感と、「良くもないのに、してやった」感がでています。

あなたが彼《かれ》とのセックスに「ヤリ捨て」という概念《がいねん》を持ち込んだ瞬間《しゅんかん》、彼《かれ》はあなたにガン萎《な》えするのです。

そもそも、続きがないのは、こちらが実力不足《ぶそく》だったからです。捨てたわけではなく、とくに続けたいと思えなかっただけです。

それを「ヤリ捨て」だと言いだすのは、人のせいにしすぎているし、セックスをすることに自分の意志《いし》がなさすぎます。

男性は、自分とのセックスを楽しまない女性のことは、好きになりません。

「ヤリ捨て」という概念《がいねん》には「セックスは男性だけが楽しむもの」という思い込みが滲《にじ》みでていて、男性はドン引きしてしまいます。禁句《きんく》にしましょう。

MISAKI'S LOVE TECHNIQUE 32

身体《からだ》から始まっても本命になれるの？

好きな人とセフレ状態《じょうたい》になってしまい、「好き」だと言えなくなっている人が、よくいます。

「本気だとバレたら面倒《めんどう》くさがられるんじゃないか」

「そういう感じではないんじゃないか」

「重いと思われそう」

「イヤな顔されたら心が折れる」

そんな風《ふう》に考えて、「好き」を隠《かく》し始める人は多いです。

しかし、すでにセックスをしてしまっている場合にこそ、大急ぎで「好き」を伝《つた》えなければいけません。それも、セックスをしていない場合よりも、なるべく事細かに、具体的《ぐたいてき》に、伝《つた》えないとまずいです。

なぜかと言うと、それをしないと、あなたが「ただのセフレ文化がある人」に見えるからです。

「あなたが好きだからセックスをしたいんです」

という部分をハッキリさせておかないと、彼《かれ》の目には、あなたが

「ただのセックスが好きな人」

「セックスをするハードルが低い人」

として映ります。早急に、

「いや、あなただからしてるの！」

という補足《ほそく》が必要《ひつよう》です。

「セフレにこんなこと言われても困るよね……」

なんて遠慮《えんりょ》している場合ではありません。

「好き」と伝《つた》えておかないと「好きじゃなくてもセックスをする人」だと思われるので、両想《りょうおも》いは遠ざかる一方です。この誤解《ごかい》を生まないための対策《たいさく》として、「好き」を伝《つた》える必要《ひつよう》があるのです。

この「好き」は両想《りょうおも》いになるための作戦《さくせん》とか、告白とか、そういうことよりもっと手前の、誤解《ごかい》を生まないために必要《ひつよう》な最低限の振《ふ》る舞《ま》いです。

あなたが「好きだからセックスをしてる」などということは、相手には知る由《よし》もないことなので、言わないと絶対に伝《つた》わりません。

会えて嬉《うれ》しかったこと、今日も好きが育ったことを、必ず伝《つた》えましょう。誤解《ごかい》を招かないためにも。

column

セックスだけで結婚《けっこん》を決めた

10代の頃《ころ》から、どちらかといえばセックス先行型の恋愛《れんあい》を繰《く》り返していた私が、

「今回は（あえて）順を追ってみたい」

と、ある時期《じき》思った。

告白をする、という経験《けいけん》をしてみたかったのである。


滝行《たきぎょう》も腸内洗浄《ちょうないせんじょう》もピアスもバンジージャンプもスカイダイビングも挑戦し終え、

（次どうしよう……）

と考えていた時のことだった。

勇気《ゆうき》がいる系の大概《たいがい》のことは、もうやってしまった。あと思いつくことといったら、

「好きな人に告白をする」しか残っていない。

片想《かたおも》いからの両想《りょうおも》いになり、告白をして交際《こうさい》に至《いた》る。「つき合いました」記念のプリクラも撮影《さつえい》し、やっとの思いで手を繋《つな》いでから、はじめてのキスをして、そしてお泊まりデートで、ついに初エッチをする。やってみたい。


「片想《かたおも》いからの両想《りょうおも》い」という流れを作るにあたり、好きな人を作るところからプロセスが始まったので、けっこう時間がかかった。

けれど、私はちゃんと、とある奥手《おくて》な男の子のことを大好きになり、5ヶ月の片想《かたおも》

い期間《きかん》を経て、告白をした。

告白は想像を絶する大変さだった。「好きです」を言いきるまでに、まず3時間かかった。「好」から「す」までに。そしてそこから「つき合ってください」を言いきるまでに「つ……いや……、あの……、つき…」と全然言えなくて、さらに2時間かかり、合計5時間に及ぶ、大変難産《なんざん》な告白だった。

「好きです」は一方的な報告だけど、「つき合ってください」には返事が発生する。この2つはセットと見せかけて、いざ口にしようとすると、まるで別の怖《こわ》さがある言葉なのだと、その日に知った。「つき合ってください」と伝《つた》えるのは怖《こわ》すぎる。

しかしながら、この彼《かれ》とは無事につき合うことができ、5時間の難産《なんざん》な告白に根気《こんき》よくつき合ってくれたその対応も素敵《すてき》だったので、告白を通してさらに惚《ほ》れたりもした。とても甘酸《あまず》っぱい恋だった。

私の人生における、経験《けいけん》できて本当に良かったことのひとつだ（※3ヶ月後に破局）。

そんな風《ふう》に、20代になってから、何度か順番《じゅんばん》を重んじる恋愛《れんあい》も経験《けいけん》した。

そして25歳《さい》になる頃《ころ》、私はハッキリと思うようになっていた。

つき合ってからセックスをする、ということのリスク、大きい!!

順番《じゅんばん》を重んじる恋をしてみて驚《おどろ》いたのだが、いざつき合ったあとに、はじめてのセックスをしてみると、セックスが全然良くない場合があるのである。

基本的《きほんてき》にはスーパー優《やさ》しいのに、セックスに関しては「ヘタクソ（思いやりの欠如《けつじょ》、身勝手）」という、フタを開けてビックリ系男子。さらには、セックスどうこうっていうよりも、スキンシップの相性《あいしょう》が悪い場合も、ある。

イチャイチャしたい量《りょう》が合わない。

私は触《さわ》りたいけど、相手は、とくに触《さわ》られたくなさそう。意欲《いよく》がチグハグだと、カップルはギクシャクする。

でも、だからと言って、その時点ではすでに、「あ、やっぱ、今回の交際《こうさい》はなかったことで」とは言えない。

こういう時期《じき》は本当に色々考える。

つき合うって何だろうと考え、カップルの定義《ていぎ》から見直し始める。食事は友達ともできるし、動物園《どうぶつえん》には家族とも行けるし、ほとんどのことは他の人とでも満たせる。

恋人がいる時期《じき》に恋人としかしてはいけないことを「カップルでしかできないこと」だとすると、それはただひとつ、性行為《せいこうい》だ。それなのに。性行為《せいこうい》がイマイチな人物が恋人って。

そう考えると、イチャイチャのスタンスを垣間見《かいまみ》れるセックスが最後、というプロセスは、すごくリスキーだ。つき合う云々《うんぬん》の話題《わだい》になる前にどんな性行為《せいこうい》をする人なのかをチェックする、という段取りが理想《りそう》だよなぁ。

そんなことを考え始めていた時期《じき》に、母から、こんなことを言われた。

「酔《よ》っぱらって帰ってくるのは危ないから、酔《よ》ってる状態《じょうたい》では帰ってこないで。酔《よ》ってるなら、誰《だれ》かと泊まってきなさい」

当時、私は「アルコール女王」という称号《しょうごう》を持っており、飲み会では泥酔《でいすい》することが任務《にんむ》、という生活をしていた。夜中や朝方にベロベロの状態《じょうたい》で帰宅をすることもしょっちゅうだった。

下田家は3階建てで、私の部屋は3階にあったため、泥酔状態《でいすいじょうたい》で無事帰還《きかん》することの難易度《なんいど》がけっこう高いことは、自分としても感じていた。

帰宅時《きたくじ》のことは、いつも全く記憶にないし、飲み屋さんにいたはずが、いつの間にか自宅の布団《ふとん》の中にいる。いつも階段は無意識《むいしき》の状態《じょうたい》で通過しているので、このままでは階段を踏《ふ》み外して転落し大ケガをする日も近いだろう。

母は、さらに言った。

「何帰りたがってるのよ。『私は帰らない。』を、もっとちゃんと徹底《てってい》しなさいよ。ひとりで帰ってくるのは危ないから、それなら、誰《だれ》かにお持ち帰りされなさい」

「私は帰らない。」は、当時私がイメージキャラクターを務《つと》めていた飲みサポートサプリメントの広告にでかでかと書かれていたキャッチコピーで、私が考えた文言だった。

母にそこまで言われたので、私は、よく分からない男の人にお持ち帰りされるリスクと、ひとりで帰宅《きたく》するリスクを比較《ひかく》した。

お持ち帰りされる場合のリスクとしては、性病《せいびょう》と妊娠《にんしん》(からの中絶)からの不妊症《ふにんしょう》、このくらいだ。

ひとりで帰るリスクは、階段を踏《ふ》み外すことで、取り返しのつかないケガをする危険性《きけんせい》がある。頭を強く打ってしまうかもしれない。顔に一生残る傷がついてしまったらどうしよう？

子どもを産まない人生は、別によくあるし、選択肢《せんたくし》のひとつでもある。子どもが産めない身体《からだ》になることより、顔に傷がつくことの方が、私の人生にとっては困ることだ。

階段から落ちた場合に想定できる被害《ひがい》の方が深刻《しんこく》だ、と結論《けつろん》がでた私は、

（今後は、持ち帰ってくれる人と飲むことにしよう。その方が安全だ）

と方針を定めた。

（この人は、お持ち帰りしてくれそう）

つまり、私がのちに旦那《だんな》さんとなる彼《かれ》と最初《さいしょ》の待ち合わせをした動機《どうき》は、かなり不純なものだったのだが、その彼《かれ》がまさかの「ドッペルゲンガー」だったのである。

FOR YOU...

おわりに

私が、この本の企画書《きかくしょ》を持って出版社《しゅっぱんしゃ》まわりを始めた時、とにかく立ちはだかったのが「でも、下田さんは美人だから……」というハードルでした。「内容はおもしろいけど、美人が語《かた》る恋愛《れんあい》ハウツーは単なる〝恵《めぐ》まれた人の特殊《とくしゅ》な話〟だと敬遠《けいえん》されがちなんです」と。

たしかに、私は美人かもしれない（！）。
見た目を商売道具《しょうばいどうぐ》にしてたくさんの仕事をこなしてきましたから。
どんな成果《せいか》を挙げた時も、

FIN ♥ ［おわりに］

「あなたの人生がうまくいくのは、内面の実力ではない。顔だけだ」と言われ続けてきましたし、一番身近な家族（弟）にさえ、「君はさ、一度ブスにでもなって1日を過ごして、その鼻《はな》をへし折られればいいんだよ」と言われ、私が手に入れてきた成功《せいこう》は、中身の実力によるものではないのだ、と否定をされてきました。

でも、私の恋愛《れんあい》が上手くいっていたのは、すべて見た目のおかげだったのかというとそうではありません。

数年前から、「お悩《なや》み相談《そうだん》」の仕事をするようになり、恋がうまくいかない女性たちをサポートしていく中で、恋愛《れんあい》を左右するのは見た目ではないのだと気づいたのです。私のアドバイス通りに行動《こうどう》した彼女《かのじょ》たちの人生が、あまりにも、みるみる変わったから。

もう何年もデートをできていなかった女性からの、「あれから、彼氏《かれし》ができました！」

何ヶ月も彼氏《かれし》に会えていなかった女性からの、

「あれから、週2で会いに来てくれるようになりました！」

彼女《かのじょ》たちの声で私の思いは確信《かくしん》になりました。


相談者《そうだん》の女性と、随時《ずいじ》LINEでやり取りをしながら恋を実らせるサポートをする場合もあります。


サポート中は、彼《かれ》から来たLINEのメッセージを私に転送してもらい、彼《かれ》には私が打ったものをそのまま送ってもらうのですが、そうして私が影武者《かげむしゃ》をしている間は、どんどん恋がうまくいき、おつき合いするところまでいけるにもかかわらず、

「おめでとう！　お幸せにね！」

と私がサポートから外れ、彼女《かのじょ》たちが自分の頭で考えて動くようになったとたん、

「あのあと、フラれました……」

ということが多々あったのです。


そして、私は思いました。

FIN ♥ ［おわりに］

顔じゃないじゃん、と。

とにもかくにも言動《げんどう》がすべてなんだなぁ、と。

その恋に取り組んでいる時、彼女《かのじょ》たちはずっと同じ顔で、同じスペックです。
それなのに、恋は突然《とつぜん》うまくいって、あっさりダメになった。
私が彼女《かのじょ》たちにしたことは、あくまで彼女《かのじょ》たちの「こうなりたい」という希望をきいて、その都度、そうなるために必要《ひつよう》な思いやりをお伝《つた》えしただけです。

顔は関係ないらしい。

これが、たくさんの人（色んな顔）の影武者《かげむしゃ》をしてきた私の答えです。

最後に、私の「好きな人の好きな人になるための方法」が、たった数枚の企画書《きかくしょ》だった時から、私のことを信頼《しんらい》してくださり、

「下田さんの頭の中にあるものは、すべての女性の人生に活かせる実用的なものだ」と内容を認《みと》めてくださって

「日本の男女が幸せになれる本を作りましょう」

とチームを組んでくださった株式会社KADOKAWA アスキー・メディアワークスのみなさまと、私に

「好きな人の好きな人になれた！」

という確信《かくしん》と、世間《せけん》で通用《つうよう》する「愛され女」の実績（妻《つま》の座）を与えてくれた旦那様《だんなさま》に、心より感謝致《かんしゃいた》します。工藤さん、田島さん、山口さん、直也くん、出会えて良かったです。嬉《うれ》しいです。おかげで毎日楽しいです。大好きです。

そしてまた、10代の頃《ころ》から一度も門限を作らず、外泊をすることも自宅に異性《いせい》を連れ込むことも許し続けてくれた両親のおかげで、私はたくさんの恋愛経験《れんあいけいけん》を重《かさ》ねることができて、「好きな人の好きな人になるための方法」を完成させることができました。お父さん、お母さん、本当にありがとう！

FIN ♥ ［おわりに］

日本一、思いやりのある恋愛《れんあい》ハウツー本を書けたと思います。

この本を信頼《しんらい》してくださったみなさまが、この先ずっと、好きな人の好きな人になれる人生を送れますように。

新型ぶりっ子のススメ

彼に恋させる、計算ずくの恋愛戦略

2016年11月1日　初版発行

著者　下田美咲
発行者　塚田正晃
発行　株式会社KADOKAWA
〒102-8177　東京都千代田区富士見2-13-3
プロデュース　アスキー・メディアワークス
〒102-8584　東京都千代田区富士見1-8-19
電話　0570-064008（編集）
電話　03-3238-1854（営業）
印刷・製本　大日本印刷株式会社

ISBN978-4-04-892449-8
C0095

小社ホームページ　http://www.kadokawa.co.jp/
編集ホームページ　http://asciimw.jp/
カバー&本文デザイン　矢部あずさ（bitter design）
著者写真撮影　飯塚昌太
著者ヘアメイク　吉野麻衣子
編集　山口真歩
（アスキー・メディアワークス事業局 第6編集部 書籍編集部）
編集協力　工藤裕一　小坂淑恵　田島美絵子　黒津正貴（同 書籍編集部）
組版システム ewb　田中禎之
アスキー・メディアワークスの単行本　http://amwbooks.asciimw.jp/
編集者ツイッター　@digi_neko